Wertschöpfung und Digitalisierung

Jürgen Schröder
(Hrsg.)

Wertschöpfung und Digitalisierung

Konzepte und Methoden zur Umsetzung in Projekten

Springer Gabler

Hrsg.
Jürgen Schröder
Technische Hochschule Ingolstadt
Ingolstadt, Deutschland

ISBN 978-3-658-43583-7 ISBN 978-3-658-43584-4 (eBook)
https://doi.org/10.1007/978-3-658-43584-4

Die Deutsche Nationalbibliothek verzeichnet diese Publikation in der Deutschen Nationalbibliografie; detaillierte bibliografische Daten sind im Internet über https://portal.dnb.de abrufbar.

Planung/Lektorat: Susanne Kramer
Springer Gabler ist ein Imprint der eingetragenen Gesellschaft Springer Fachmedien Wiesbaden GmbH und ist ein Teil von Springer Nature.
Die Anschrift der Gesellschaft ist: Abraham-Lincoln-Str. 46, 65189 Wiesbaden, Germany

Das Papier dieses Produkts ist recycelbar.

Vorwort

Nachdem in den 90er Jahren die Wertschöpfungsphilosophie in den Unternehmen rasant an Bedeutung gewonnen hat und sich bis heute fortsetzt, bieten neue technologische Möglichkeiten einen weiteren massiven Schub, um Prozesse zu optimieren und Entscheidungen auf einer fundierten Basis zu fällen.

Viele Unternehmen haben in den 90'er Jahren nach der Veröffentlichung der MIT–Studie (Womack 1990) versucht, das Toyota Produktionssystem (TPS) zu kopieren und einzelne Bausteine in ihrem Unternehmen zu implementieren. Es erwies sich als Fehler, nur zu adaptieren und die Umsetzung von nur einzelnen Methoden durchzuführen. Bereits während der Implementierung einzelner Methoden, wie z. B. Kanban, versuchten viele Unternehmen diese zu digitalisieren und damit flexibler zu gestalten. Diese Ansätze scheiterten häufig an den fehlenden technologischen Möglichkeiten. Zudem kam es zu erheblichen Schwierigkeiten bei der Integration in die bestehende Unternehmenssoftware. Nur wenige europäische und amerikanische Unternehmen haben das TPS als Ganzes verstanden und es für die eigenen Belange mit den Grundsätzen erfolgreich umgesetzt.

Der erhoffte durchgehende wirtschaftliche Erfolg in Unternehmen blieb folglich aus. 2005 kündigte Toyota zudem an, in den darauffolgenden fünf Jahren der weltgrößte Automobilhersteller zu werden. Aufgrund dieses wirtschaftlichen Drucks entstand die zweite „Lean–Welle". Dies führte 2006 dazu, dass Führungskräfte großer Unternehmen, insbesondere Automobilhersteller, einen Erfahrungsaustausch mit japanischen Unternehmen durchführten. Bereits im Jahr 2007 überholt Toyota als weltgrößter Automobilhersteller General Motors. Im Jahr 2008 veröffentlichten Harbour–Report wurden Vergleiche zwischen großen Herstellern der Automobilindustrie durchgeführt. (Wyman 2008) Die japanischen Automobilhersteller lagen auch in dieser Studie im Vergleich bezüglich der benötigten Stunden pro Fahrzeug weit vorn.

Nach dem Vorbild Toyotas werden in den folgenden Jahren in den Unternehmen ganzheitliche Methodenkästen entwickelt und umgesetzt. Die Wertstrommethode setzte sich in den Unternehmen durch. Ziel dieser visuellen Darstellungstechnik ist es, die Durchlaufzeit zu ermitteln und durch Eliminierung bzw. Minimierung von Verschwendung diese zu reduzieren. (Rother und Shook 2018) Einige Unternehmen versuchten, vorhandene Daten aus der bestehenden Unternehmenssoftware digital zu übernehmen und die Visualisierung zu automatisieren. Die Integration in bestehende Systeme erwies sich fast immer als nicht umsetzbar. Auch dieser Ansatz scheiterte in den meisten Fällen, da das Kernelement dieser Methode auf der Vor-Ort-Aufnahme liegt.

Die Stärke in der Anwendung der Wertstrommethode, die noch heute von hoher Bedeutung in den Unternehmen ist, liegt bei der Visualisierung der Materialflüsse. Informationsflüsse, die einen erheblichen Einfluss auf die Durchlaufzeit haben, werden nur unzureichend dargestellt. Beispielsweise können fehlende, unzureichende oder falsche Informationen zu zusätzlichen Wartezeiten führen. Informationsflüsse werden im Gegensatz zu den Materialflüssen meistens über die Business Process Model and Notation (BPMN) abgebildet. Allerdings werden bei dieser Methode die Materialflüsse und die Durchlaufzeit ungenügend dargestellt. Genau hier lag der Ansatz, den Informationsfluss durch eine Erweiterung der ursprünglichen Methode zu integrieren. Hieraus entstand die „Value Stream Model and Notation“-Methode. (Gimpel et al. 2021)

In den 2010er Jahren wurden aus Kostengründen und einem starken Wachstum viele Projekte in den Unternehmen initiiert, die sich auf Flächenverdichtungen konzentrierten, um hohe Investitionen durch eine Erweiterung zu vermeiden. Hier entstand die Idee, die Wertschöpfung bezogen auf die genutzte Fläche zu visualisieren. Analog zur in der Thermografie verwendeten Methode entstand die Value Added Heat Map (Tomanek und Schröder 2018). Sehr schnell zeigte sich, dass hiermit nicht nur Flächen, sondern u. a. auch Anlagennutzung, Personalauslastung und Verkehrsbelastung hervorragend visualisieren lassen. Durch diese Methode konnte deutlich gemacht werden, wo sich Potenziale zur Erhöhung der Wertschöpfungskonzentration ergeben.

Mit der in 2013 von der Bundesregierung geförderten Initiative Industrie 4.0 wurden neue Wege aufgezeigt, um die Wertschöpfung über digitale Methoden zu erhöhen (Kagermann 2013). Ziel ist es, vorhandene Daten aus verschiedenen Quellen so zu vernetzen, dass notwendige Informationen digital zum richtigen Zeitpunkt zur Weiterverarbeitung vorliegen, um Prozesse effizient zu planen, zu steuern und zu kontrollieren. Das Internet of Things entstand. Technologische Möglichkeiten, wie z. B. WLAN, Bluetooth und RFID ermöglichten es, dass Gegenstände, sogen. Cyber Physical Objects, in Realzeit „sprechen“ konnten. Wichtige Informationen über Standort, Identität und Zustand konnten erfasst und für Prozesse so kombiniert werden, dass diese effizient geplant, gesteuert und kontrolliert werden konnten. Zudem entstanden Methoden wie das Process Mining. Diese sogenannte 4. Revolution in der Industrie führte dazu, dass ein hoher Aufwand an IT-Ressourcen nötig war. Zwar forcieren die Unternehmen den Aufbau dieser Kapazitäten, dennoch ist es ein langer Weg, bis die digitale Transformation weitestgehend vollzogen wird.

Die vorliegende Veröffentlichung wendet sich an den Praktiker, dem einzelne Methoden zur Prozessoptimierung an die Hand gegeben werden sollen. Folgende Inhalte werden dem Leser vorgestellt.

Zusammenfassung der Kapitel

Kap. 1 skizziert die Notwendigkeit der Wertschöpfungskonzentration für den Erfolg von Unternehmen unabhängig der angesiedelten Branche. Darüber hinaus wird das dazugehörige Streben nach einem hohen Digitalisierungs- und Automatisierungsgrad beleuchtet. Im Hinblick auf die Forschungstätigkeit schließt das Kapitel mit dem Übertrag, dass die Basis effizienter Steuerung der Wertschöpfungskonzentration u. A. in einer fundierten und vor allem praxisorientierten Ausbildung von Studierenden ist.

Kap. 2 vermittelt die theoretischen Grundlagen von verschiedenen entwickelten Methoden zur Analyse und Optimierung der Wertschöpfungskonzentration. Dabei kommen etablierte Methoden wie die Wertstrommethode oder das Business Process Model and Notation zum Einsatz. Ebenso werden neue Herangehensweisen wie das Process Mining berücksichtigt.

Kap. 3 greift den Aspekt der Digitalisierungsbestrebungen mit auf und stellt die Verbindung der Methoden und der Stufen der Digitalisierung dar. Dabei werden die Grundlagen einer sinnvollen Strategie für den Einsatz digitaler Technologien geschildert. Abschließend wird auf die digitalen Technologien als solches eingegangen.

Kap. 4 schlägt die Brücke zur Lehrtätigkeit. Hierbei steht im Fokus anhand verschiedener Modelle zur Kooperation die Synergieeffekte einer Zusammenarbeit von Hochschulen mit Unternehmen aufzuzeigen. Abschließend wird eine intensive Zusammenarbeit in Form eines Projektstudiums geschildert.

Das Buch basiert auf den Erfahrungen aus verschiedenen (Verbund-) Projekten wie BELOUGA oder Hospital 4.0. Ebenso fließt in dieses Buch die langjährige Erfahrung der Lehrtätigkeit an der Technischen Hochschule Ingolstadt mit ein. Dabei spielt es eine große Rolle, Studenten an Unternehmen heranzuführen und theoretisches Wissen praxistauglich zu gestalten. Diese Notwendigkeit zeigt sich in dem Bedarf an Nachwuchskräften mit Praxiserfahrung. Hier eine Hilfestellung zu geben ist Zielstellung dieses Buches, das neben der Wissensvermittlung zu einer verstärkten Zusammenarbeit motivieren soll.

Der Dank gilt allen Autoren, die als wissenschaftliche Mitarbeiter dieses Buchprojekt unermüdlich vorangetrieben haben. Wir hoffen, dass ihr zukünftiges Wirken in Wissenschaft und Praxis den Funken unserer Erkenntnisse weiterträgt und zur Umsetzung beiträgt.

Prof. em. Dr. Jürgen Schröder

Inhaltsverzeichnis

1 **Wertschöpfungsmanagement** 1
Christine Hufnagl

2 **Konzepte und Methoden des Wertschöpfungsmanagements** 19
Jürgen Schröder, Hildegard Kriner und Laura Marcus

3 **Wertschöpfungskonzentration durch Digitalisierung** 71
Christine Hufnagl, Hildegard Kriner und Laura Marcus

4 **Exkurs: Wertschöpfungsoptimierung durch Unterstützung von Hochschulen in Unternehmen** 97
Jürgen Schröder und Hildegard Kriner

Herausgeber- und Autorenverzeichnis

Über den Herausgeber

Prof. em. Dr. Jürgen Schröder ist emeritierter Professor für Logistik und Produktionsorganisation an der Technischen Hochschule Ingolstadt und Projektleiter am Zentrum für Angewandte Forschung. Der Schwerpunkt seiner Lehr- und Forschungstätigkeit liegt neben Logistik selbst insbesondere auf den Produktionssystemen nach dem Vorbild des Toyota Produktionssystems, innovativen Steuerungskonzeptionen, Supply Chain Management und Krankenhauslogistik. Bereits seit 2008 forscht er im Rahmen verschiedener Projekte in der Krankenhauslogistik. Aktuelle Forschungsprojekte beinhandeln u. a. Themen wie Wertschöpfungskonzentration, Value Added Heat Map sowie die digitale Transformation von logistischen Prozessen.

Autorenverzeichnis

Dr. Christine Hufnagl TH Ingolstadt, Ingolstadt, Deutschland

Hildegard Kriner TH Ingolstadt, Ingolstadt, Deutschland

Laura Marcus Technische Hochschule Augsburg, Augsburg, Deutschland

Prof. em. Dr. Jürgen Schröder TH Ingolstadt, Ingolstadt, Deutschland

Abkürzungsverzeichnis

BPMN	Business Process Model and Notation (2.0)
IoT	Internet of Things
ISO	Internationale Organisation für Normung
KI	Künstliche Intelligenz
KIS	Krankenhausinformationssystem
LFS	Lieferschein
MaWi	Materialwirtschaftssystem
OPs	Operationen
OCR	Optical character recognition
PDCA-Zyklen	Plan-, do-, check-, act-Zyklen
RFID	Radio Frequency Identification
UDI	Unique device identifiers
VAHM	Value Added Heat Map
VSMN	Value Stream Model and Notation
WSM	Wertstrommethode

1 Wertschöpfungsmanagement

Christine Hufnagl

Eine wertschöpfungsorientierte Prozessgestaltung basiert auf einem verschwendungsfreien Umgang mit allen zur Verfügung stehenden Ressourcen. Bisher umfasste dieses Konzept eine Konzentration auf die drei Hauptkategorien, bestehend aus dem angestellten Personal des Unternehmens, der vorhandenen Fläche sowie den allgemeinen Ressourcen, welche für den Einsatz zur Produktion von Gütern oder zur Erstellung von Dienstleistungen notwendig sind. Dabei sollte das Personal weitgehend möglichst in dessen Kernaufgaben (der Erzeugung der eigentlichen Wertschöpfung des Unternehmens) arbeiten, die Fläche sinnvoll in Abhängigkeit ihres Wertschöpfungspotentials genutzt werden sowie notwendige Ressourcen möglichst verschwendungsfrei zum Einsatz gelangen. Diese Vorgehensweise bei der Prozessbetrachtung bringt Unternehmen zu einer effizienten und effektiven Nutzung ihrer vorhandenen Ressourcen. Darüber hinaus stehen bedingt durch die voranschreitende Digitalisierung den Unternehmen sowohl interne als auch extern verstärkt Daten zur Verfügung. Deren Nutzung kann einen zusätzlichen Mehrwert für das Unternehmen erschließen und ergänzt damit das bisherige Wertschöpfungsmanagement um eine vierte Kategorie.

C. Hufnagl (✉)
Technische Hochschule Ingolstadt, Ingolstadt, Deutschland
E-Mail: christine.hufnagl@thi.de

J. Schröder (Hrsg.), *Wertschöpfung und Digitalisierung*,
https://doi.org/10.1007/978-3-658-43584-4_1

1.1 Vorüberlegungen und Grundlagen

Mithilfe des Wertschöpfungsmanagements wird Verschwendung eliminiert bzw. reduziert und somit Prozesse effizient gestaltet. Dabei besteht die Herausforderung, digitale Prozesse im Wertschöpfungsmanagement aufgrund ihres hohen Optimierungspotenzials einzubinden. Den Grundstein des Wertschöpfungsmanagements legte Ohno mit den klassischen sieben Verschwendungsarten (Überproduktion, Warte-/Stillstandzeiten, unnötiger Transport, ungeeignete Prozessgestaltung, Bestände, unnötige Prozessschritte und fehlerhafte Produkte) (Ohno und Bodek 1978). Die Entstehung und Ausrichtung der oben genannten Verschwendungsarten beruhen auf der klassischen Produktion.

Dabei stehen bei der Analyse der Verschwendungsarten im Rahmen der traditionellen Wertschöpfungskonzentration folgende drei Kategorien im Mittelpunkt:

- Die **maximale Nutzung des Wertschöpfungspersonals** beinhaltet, dass alle nicht-wertschöpfenden Tätigkeiten konsequent in andere Bereiche übertragen werden.
- Der **minimale Flächenverbrauch für Nicht-Wertschöpfung** impliziert, dass die zur Verfügung stehende Fläche so weit wie möglich der Wertschöpfungsschaffung dient und nur so gering wie notwendig mit Nicht-Wertschöpfung belastet wird.
- Ein **optimaler Ressourceneinsatz** umschließt den Gedanken, vorhandene Ressourcen optimal für die Erzeugung der Wertschöpfung einzusetzen. (Schröder und Tomanek 2015)

Im Hinblick auf digitale Methoden und Prozesse weichen deren Eigenschaften und Verschwendungsarten von denen der klassischen Produktion ab. Damit sind eine Einordnung und systematische Auswertung dieser neuen Verschwendungsarten ohne eine Anpassung und neue Interpretation schwierig. Folglich erfordert der Einzug digitaler Methoden und Prozesse in den Arbeitsalltag bei der Anwendung des Wertschöpfungsmanagements eine erweiterte Definition der Verschwendungsarten sowie eine Adaption bzw. Neuausrichtung auf digitale Prozesse.

Entsprechend werden neue Verschwendungsarten, die zum Beispiel eine Verschwendung durch ungeeignete oder aufwendige Geschäftsprozesse und IT-Werkzeuge repräsentieren, notwendig. Diese Erweiterung bedingt das Verlassen des direkten Bezugs der Wertschöpfungsorientierung zum reinen Produktions- und Dienstleistungsprozess. Es erfolgt eine Ausweitung der Betrachtung auf die gesamte Auftragsabwicklung. In diesem Rahmen können Verschwendungen unter

Anderem inkompatible Software, verteilte oder redundante Datenerfassung und -verwaltung, manuelle Durchführung von Routineaufgaben aufgrund mangelnder Eignung oder unzulänglicher Implementierung der Softwaresysteme sowie komplexe Prozesse beinhalten (Erlach 2010).

Darüber hinaus erfährt eine ökonomisch adäquate Nutzung vorhandener Daten eine steigende Bedeutung. Werden Daten im Unternehmen erhoben, diese jedoch nur unzureichend ausgewertet und genutzt, steht das daraus resultierende Wissen den Mitarbeitern und dementsprechend dem Unternehmen bei der Entscheidungsfindung nicht zur Verfügung und kann folglich falsche Entscheidungen aufgrund einer mangelhaften Informationsgrundlage nach sich ziehen. Werden Entscheidungen aufgrund unzureichender Datennutzung zum Nachteil des Unternehmens getroffen, führt dies wiederum meist zum Einsatz vermeidbarer Ressourcen – was einer Verschwendung aufgrund unzureichender Datennutzung entspricht.

Parallel erhalten die klassischen Verschwendungsarten eine Erweiterung durch die Betrachtung von Kommunikations- und Informationsdefiziten im Allgemeinen. Ein unterbrochener oder unzureichender Informationsfluss zum Beispiel bedingt durch eine hohe Autonomie von einzelnen Teilbereichen oder Personen, Koordinationsmängeln oder vielfältigen Leistungsverflechtungen führen zu gestörten informationslogistischen Prozessen. Kommunizieren die Leistungserbringer oder Funktionsbereiche eines Unternehmens ungenügend untereinander, werden unnötig Unternehmensressourcen verschwendet. So kommt es zum Beispiel durch fehlenden Transfer von Fachwissen oder Informationen bei Übergaben zu einer zeitlichen Trennung von zusammenhängenden Entscheidungs- und Handlungskomplexen (Meudt et al. 2016a).

Zusammenfassend rückt die Betrachtung und verschwendungsfreie Gestaltung digitaler Prozesse sowie eine sinnvolle Nutzung von Daten hin zu fließenden und verschwendungsfreien (Informations-)Prozessen verstärkt in den Mittelpunkt des Wertschöpfungsmanagements.

Aufgrund der Tatsache, dass digitale Prozesse vermehrt in den Mittelpunkt bei der Generierung neuer Wertschöpfung rücken (Heublein 2017) ist gerade die Betrachtung des Entstehungs- und Umsetzungsprozesses digitaler Prozesse zur Steigerung des Mehrwerts von enormer Bedeutung für den ökonomischen Erfolg des Unternehmens.

1.2 Erweiterung der Dimensionen der Wertschöpfungskonzentration Fläche, Personal und Maschinen-/Anlagennutzung um die Nutzung der Daten

1.2.1 Essentielle Prozesse des Wertschöpfungsmanagements

Das Wertschöpfungsmanagement hat das Ziel, die Wertschöpfungskonzentration der Prozesse zu steigern. Bei dieser Optimierung der Wertschöpfungskonzentration im Unternehmen ist eine Einteilung der Unternehmensprozesse in die drei folgenden Hauptkategorien hilfreich:

Kernprozesse weisen einen direkten Bezug zum hergestellten Produkt oder der angebotenen Dienstleistung des Unternehmens auf. Diese Prozesse wandeln vorhandene Ressourcen in einen für den Kunden höheren Wert um oder sie stellen die nachgefragten Dienstleistungen zur Verfügung. Folglich stellen sie den Mittelpunkt der vom Kunden nachgefragten Leistungserstellung dar. Im Gegensatz dazu dienen **Supportprozesse** der Unterstützung von Kernprozessen. Mit ihrer Hilfe soll eine reibungslose Leistungserbringung in den Kernprozessen ermöglicht werden. Sie stellen zwar keinen direkten Bezug zur erbrachten Dienstleistung oder dem produzierten Produkt dar, trotzdem sind sie unverzichtbar zur Verrichtung der wertschöpfenden Tätigkeiten in den Kernprozessen. (Becker et al. 2012).

Darüber hinaus empfiehlt sich aufgrund ihrer abweichenden Eigenschaften – keine direkte Unterstützung zur Herstellung des Produktes oder der Dienstleistung – die ergänzende Kategorie der **Managementprozesse** innerhalb der Supportprozesse. Ihr Hauptziel ist die Schaffung eines strukturellen Rahmens, in welchem die strategische Ausrichtung und Steuerung des Unternehmens bestmöglich durchzuführen ist. Sie umfassen alle **Geschäftsprozesse** der strategischen Ausrichtung und Steuerung einer Organisation. Ihnen sind Prozesse wie zum Beispiel zur strategischen Marktausrichtung und der Bildung einer Unternehmensvision zuordenbar. (Wagner und Käfer 2017).

Zur Sicherung des Unternehmenserfolges rücken dabei das Hinterfragen des aktuellen Geschäftsmodells, das Weiter-/Entwickeln neuer Geschäftsmodelle sowie die Planung einer Digitalisierungsstrategie in der Kategorie der Managementprozesse immer mehr in den Mittelpunkt. Dabei können sinnvoll eingesetzte digitale Methoden eine hilfreiche Unterstützung bieten. Aufgrund der unterschiedlichen Merkmale der Management-, Kern- und Supportprozesse eines Unternehmens bietet sich eine differenzierte Vorgehensweise unter Berücksichtigung der jeweiligen Besonderheiten an. Gerade bei der Entwicklung einer

Digitalisierungsstrategie generiert der Blick auf die Eigenschaften der Prozesskategorien des Unternehmens eine übergreifende Perspektive. Sollen Prozesse durch den Einsatz digitaler Methoden unterstützt oder ersetzt werden, ist ihr Maß an Standardisierung ausschlaggebend (Hufnagl 2021). Den Zusammenhang verdeutlicht folgende Abb. 2.1:

- **Managementprozesse:** Eine erfolgreiche Marktpositionierung erfordert ein kontinuierliches Neudenken der Managementprozesse mit stets neuen und individuellen Inhalten. Entsprechend bieten diese Prozesse nur in wenigen Teilbereichen ein Standardisierungs- und damit digitales Abbildungspotential. (Hufnagl 2021)
- **Kernprozesse** können viele identische, sich wiederholende Prozessschritte beinhalten. Es liegen meist wiederkehrende Teilprozesse vor, welche in der Regel gut zu standardisieren und im Vorfeld planbar sind. Damit ist eine Unterstützung von Kernprozessen mittels digitaler Methoden in Teilbereichen möglich. (Hufnagl 2021) Darüber hinaus bietet der Einsatz digitaler Methoden in den Kernprozessen nicht nur im industriellen Einsatz der aktiven Produktion/Dienstleistungserstellung Unterstützung bei der Leistungserbringung, sondern kann Entscheidungsträgern mit einer verbesserten Informationsgrundlage versorgen. (Wibbeling et al. 2017)

  Allerdings können teilweise diese Prozesse durch individuelle Wertschöpfungsgenerierung einen extrem heterogenen Bereich mit komplexen und individuellen Prozessgeflechten mit schwer planbaren Prozessinhalten repräsentieren. (Hufnagl 2021)
- **Supportprozesse** bieten in der Regel ein hohes Potential für eine Standardisierung. Sie sind häufig gut zu strukturieren und vereinheitlichen Es bestehen viele Möglichkeiten, sie einer digitalen Unterstützung zuzuführen. (Blady und Wehkamp 2018) Darüber hinaus ähneln sich Supportprozesse häufig denen anderer Branchen, sodass sich eine branchenspezifische Adaption meist risikoarm realisieren lässt (Wibbeling et al. 2017). Weiterhin trägt in den Supportprozessen eine verbesserte Datengrundlage in der Regel zur besseren Entscheidungsfindung bei der Durchführung der Prozesse bei.

Folglich sind im Rahmen eines umfassenden Wertschöpfungsmanagements digitale Methoden prinzipiell in den Management-, Kern- und Supportprozessen einer Organisation einsetzbar. Zu beachten ist jedoch eine Verwendung in unterschiedlicher Intensität je Prozesskategorie zur Steigerung der effizienten Gestaltung von Wertschöpfungsprozessen. (Meudt et al. 2016b) Das wichtigste Kriterium im Wertschöpfungsmanagement bleibt dabei die Güte bzw. Qualität der betrachteten Prozesse hinsichtlich wertschöpfender Kriterien zur Vermeidung von Verschwendung. Eine rein digitale Abbildung von Prozessen entspricht diesem Gütekriterium nicht. Es gilt, nur wertschöpfungsorientierte Prozesse zu digitalisieren und automatisieren, mit deren Hilfe sich Potenziale in der Produktivität heben und Verschwendungen vermeiden lassen. (Bick 2011) Damit erfolgt nach der grundlegenden wertschöpfungsorientierten Ausrichtung der Unternehmensprozesse in einem zweiten Schritt, mit der digitalen Abbildung, die erneute Betrachtung der Gestaltung dieser digital abgebildeten Prozessschritte nach wertschöpfenden Kriterien. Werden Konzepte der Wertschöpfungsorientierung von anderen Branchen adaptiert, ist den die jeweiligen Besonderheiten im Wertschöpfungsprozess Rechnung zu tragen. Den jeweiligen Interdependenzen ist mit einer adäquaten Adaption zu begegnen, um Methoden mit einem individuellen und maßgeschneiderten Mehrwert zu generieren. (Hufnagl 2021).

1.2.2 Verschwendung von Informationen und Daten

In diesem Zusammenhang ist von entscheidender Bedeutung, die steigende Anzahl an verfügbaren Daten, die durch den Einsatz digitaler Technologien von Prozessen entstehen, gewinnbringend für das Unternehmen einzusetzen. Die Fähigkeit, die richtigen Daten direkt am Bedarfsort, zur richtigen Zeit und in der richtigen Qualität sowie Quantität zur Verfügung zu stellen, entwickelt sich verstärkt zum entscheidenden Kriterium für den Unternehmenserfolg. Handlungs- und entscheidungsrelevante Informationen sollen die wertschöpfenden Akteure mit Daten in adäquater Qualität informatorisch unterstützen (Dinter und Winter 2008).

Die Nutzung von Daten wird auch als informationslogistisches Prinzip oder zusammenfassend als Informationslogistik beschrieben. Es gilt, die richtige Information zum richtigen Zeitpunkt, in der richtigen Menge, am richtigen Ort und in der erforderlichen Qualität, zur Verfügung zu stellen. (Augustin 1990) Zur Informationslogistik gehören die Prozesse der Planung, Steuerung, Durchführung und Kontrolle der Gesamtheit der Datenflüsse einer Organisation. Ebenfalls dazugehörig sind die Prozesse der Speicherung und Aufbereitung der Daten. (Dinter und Winter 2008).

Eine Verschwendung in digitalen Prozessen und der Informationslogistik entspricht einem unnötigen Verbrauch von Ressourcen, wodurch das angebotene Produkt oder die Dienstleistung keine Wertsteigerung für den Kunden erfährt. Zusammenfassend umschließt eine ganzheitliche Betrachtung der Wertschöpfungsorientierung die verschwendungsfreie Durchführung in allen betrieblichen, insbesondere den operativen informationslogistischen Prozessen – unabhängig von deren digitaler oder anders abgebildeter Durchführung. Damit findet die konsequente Ausrichtung aller Unternehmensaktivitäten auf den Kundennutzen nicht nur bei physischen Prozessen, sondern auch beim Einsatz digitaler Methoden ihre Anwendbarkeit. Darüber hinaus ist im Sinne von Wertschöpfungsketten der Austausch von Informationen mit den jeweils vor- und nachgelagerten Stellen auch außerhalb der Organisation in die Betrachtungsweise mit einzuschließen. (Hufnagl 2021).

Damit findet die konsequente Ausrichtung aller Unternehmensaktivitäten auf den Kundennutzen nicht nur bei physischen Prozessen, sondern auch beim Einsatz digitaler Methoden Anwendung. Beim Übertrag der bekannten Verschwendungsarten auf informationslogistische und digitale Prozesse sind deren besondere Merkmale zu beachten. So bietet sich bei der Analyse mit Fokus auf Verschwendungen eine Betrachtung der Teilprozesse (zum Beispiel der Transport, das Verteilen, die Kontrolle oder Speicherung von Informationen) an, da Verschwendungen auch nur in einem einzelnen Teilbereich auftreten können. Zur Übersicht lassen sich die Prozesse der digitalen Informationslogistik in drei Bereiche gliedern:

- Datengenerierung und -übertragung
- Datenverarbeitung und -speicherung
- Datennutzung (Meudt et al. 2016b)

Dabei gilt der Grundsatz der Vermeidung von Verschwendung aus dem Produktions- und Dienstleistungsbereich auch für die Informationslogistik und digitale Prozesse. Analog zu anderen Bereichen stellt auch hier die Verschwendung ein Symptom von Problemen in der Prozessgestaltung und -abwicklung dar. (Klevers 2009a).

Zu den Anforderungen, an denen sich der Einsatz digitaler Methoden orientieren sollte, gehören:

- Vermeidung von Datenredundanzen
- Vermeidung von Medienbrüchen z. B. Papier und digitale Speicherung
- Sicherstellung einer interventionsfreien Datenübertragung innerhalb und außerhalb der Organisation (kein Übertragungs- und Konvertierungsaufwand)
- Sicherstellung einer zeit- und bedarfsgerechten Bereitstellung von Informationen

- Barrierefreie Vernetzung mit anderen bestehenden unternehmensinternen und externen Informations- und Kommunikationssystemen (oder das Bereitstellen von geeigneten Schnittstellen)
- Verwendung und Einhaltung unternehmens- und länderübergreifender Kommunikationsstandards (Gleißner und Femerling 2008)
- Einsatz geeigneter Visualisierungstechniken
- Berücksichtigung der Informationsbereitstellung direkt am Ort des Bedarfs

Die Betrachtung der Informationslogistik und digitaler Prozesse unter Wertschöpfungsaspekten ist ein wichtiges Hilfsmittel auf dem Weg zur schlanken, verschwendungsfreien Produktion von Produkten und Dienstleistungen. (Meudt et al. 2016b) Zu den klassischen Verschwendungsarten können die folgenden Aktivitäten beispielhaft auf Verschwendung durch Informations-, Kommunikations- und Digitalisierungsdefiziten zugeordnet werden (Tab. 1.1):

1.2.3 Der digitale Wertschöpfungszyklus

Richtig eingesetzt verspricht der Einsatz digitaler Methoden eine effizientere Gestaltung von Wertschöpfungsprozessen im Sinne eines erhöhten Kundennutzens. Darüber hinaus bietet die Verwendung von Daten Unterstützung bzw. die Grundlage bei der Erschließung neuer Geschäftsmodelle. Durch ihre steigende Verfügbarkeit nehmen sie eine immer wichtigere Rolle im Wertschöpfungsprozess ein. Daten verändern die Wertschöpfungsprozesse eines Unternehmens dahingehend, dass sie vermehrt in den Mittelpunkt der Wertschöpfungserzeugung rücken und in einem weiteren Schritt einen digitalen Wertschöpfungszyklus initiieren können (Abb. 1.1).

Generierung der Daten

Die Basis bilden die mittels digitaler Technologien erfassten Daten. Diese werden an datenführende Systeme geleitet. Um hier einen reibungslosen Übergang zu ermöglichen, benötigen die Daten eine adäquate Interoperabilität. Im Sinne einer Wertschöpfungsoptimierung ist die erhobene Datenqualität dem Verwendungszweck anzupassen. Die Daten dürfen weder Lücken in den Informationsketten hervorbringen noch eine über den Verwendungszweck hinausgehende zu detaillierte Datenerfassung abbilden.

Tab. 1.1 Gegenüberstellung von Beispielen klassischer Verschwendungsarten und Defiziten im Umgang mit digitalen Prozessen und Daten im Unternehmen (Hufnagl 2021)

Beispiele der klassischen Verschwendungsarten	Beispiele der Verschwendung im Umgang mit Daten im Unternehmen
Überproduktion	
• unnötige Produktion von Gütern/Angebot von nicht nachgefragten Dienstleistungen zu früher Zeitpunkt der Produktion von Gütern/Angebot von Dienstleistungen	• Erhebung, Speicherung und Analyse von Daten, welche im Anschluss keiner Verwendung zugeführt werden oder keinen Nutzen generieren • Erfassung von Daten in zu hoher Informationstiefe oder für den Verwendungszweck zu hoher Frequenz Bereitstellung einer zu hohen Informationsdichte
Warte-/Stillstandszeiten	
Überplanung (Wartezeit Kunde) zu hohe Schichtbesetzung (Wartezeit Personal) mangelnde Auslastung von Maschinen	Warten auf Informationen, wenn diese am Bedarfsort nicht vor Prozessstart verfügbar sind Warten auf IT-Systeme, bis diese betriebsbereit sind Warten auf Ressourcen (z. B. Geräte, Kunde oder Personal) aufgrund mangelhafter Transparenz/Information
Unnötiger Transport	
• unnötige Transporte von Maschinen, Gütern, Kunden und Personal • fehlerhafte Lieferung von Material Umladen durch zu hohe Lagerkapazitäten	• Unnötiger Transport von Daten aufgrund fehlender Verfügbarkeit mobiler Geräte zur Darstellung (z. B. stationärer PC) • Unnötiger Transport von Daten aufgrund fehlender digitaler Abbildung (z. B. Dokumentation auf Papier) • Unnötiger Transport von Kunden, Personal, Geräten oder Material aufgrund fehlender oder falscher Informationen • Unnötiges Handling von Daten aufgrund fehlender Interoperabilität zwischen IT-Systemen
Ungeeignete Prozessgestaltung	

(Fortsetzung)

Tab. 1.1 (Fortsetzung)

Beispiele der klassischen Verschwendungsarten	Beispiele der Verschwendung im Umgang mit Daten im Unternehmen
• Mangelnde Nutzung/Leerzeiten der vorhandenen Ressourcen (Personal, Maschinen, etc.) • Ausführung von Nicht-Kerntätigkeiten durch Wertschöpfungspersonal • auf den Kunden unabgestimmter Produktions-/ Dienstleistungsprozess • Ungenügend abgestimmte Prozessketten • Übermäßige/umständliche Administration, z. B. Genehmigungs-, Unterschrifts- und Antragsprozesse	• umständliche Datenerfassung, Verarbeitung oder Nutzung unterlassene Automatisierung bei der Erfassung, Verarbeitung oder dem Nutzen von Daten • fehlende Absicherung bei der Erfassung fehlerfreier Daten • Datenübertragung mit Medien- oder Systembrüchen • redundante Erfassung von Daten • Unzureichende Transparenz über den Zustand, Status und Ort von Daten • fehlende mobile Zugriffsmöglichkeiten auf Daten am Bedarfsort gleichzeitiges Arbeiten in mehreren IT-Systemen, in denen jeweils benötigte Daten abgelegt sind • unzureichende digitale Unterstützung • fehlendes/unzureichendes digitale Rollenmanagement • nicht standardisierte oder manuelle Kennzahlenauswertungen • Einsatz ungeeigneter Visualisierungstechniken
Bestände	
• Hohe Materialbestände und Lagerflächen • Mindesthaltbarkeitsdatum überschritten • wartende Kunden	• Datenerhebung und -übertragung in zu großem Umfang • redundant gespeicherte Daten • zu lange gespeicherte Daten
Unnötige Prozessschritte	

(Fortsetzung)

Tab. 1.1 (Fortsetzung)

Beispiele der klassischen Verschwendungsarten	Beispiele der Verschwendung im Umgang mit Daten im Unternehmen
• unnötige Prozessschritte durch mangelnde Organisation von Arbeitsprozessen • Suchen von Informationen	• Suchvorgänge für digitale Informationen • Fehlende Automatisierung von Prozessen • Starten und Betreiben von unterschiedlichen IT-Systemen, um alle erforderlichen Informationen zusammenzubringen • Unterschiedliche Kommunikationsmittel, Medienbrüche • Informations-Overload: Darstellung von zu vielen Informationen erfordert Sichtung und Auswahl durch das Personal • Unnötige Prozessschritte aufgrund lückenhafter oder nicht zugänglicher Daten
Fehlerhafte Produkte	
• Produktion fehlerhafter Produkte/ Dienstleistungen • ungünstige Entscheidungen und Schlussfolgerungen durch das Personal • fehlende/mangelhafte Dokumentation	• Erhebung falscher Daten • Erhebung von Daten mit für ihren Verwendungszweck zu niedriger Qualität • Arbeiten mit veralteten Daten • Verbrauch von Ressourcen aufgrund fehlerhafter Entscheidungen bedingt durch lückenhafte Daten • Unzureichend abgesicherte IT-Systeme
Ungenutzte Mitarbeiterfähigkeiten	
• Fehlendes Ideen- / Verbesserungsmanagement • Inaktive Ressourcen bzw. Fähigkeiten der Mitarbeiter	• Fehlende Datenanalyse • Mangelhafter Nutzen erhobener Daten • Falscher Technologieeinsatz

Vernetzung mit weiteren Datenquellen

Danach erfolgt die Ergänzung der Rohdaten um zusätzliche Daten, welche auch aus unternehmensexternen Datenquellen stammen können.

Interpretation

Nach der Vernetzung folgt die Dateninterpretation. Dieser Schritt erweitert das ursprüngliche Wissen, welches aus den Daten ohne Verknüpfung abgeleitet werden kann. Die Informationstiefe der kombinierten und interpretierten Rohdaten geht über den Informationsgehalt der unabhängigen Betrachtung der Datenbasis

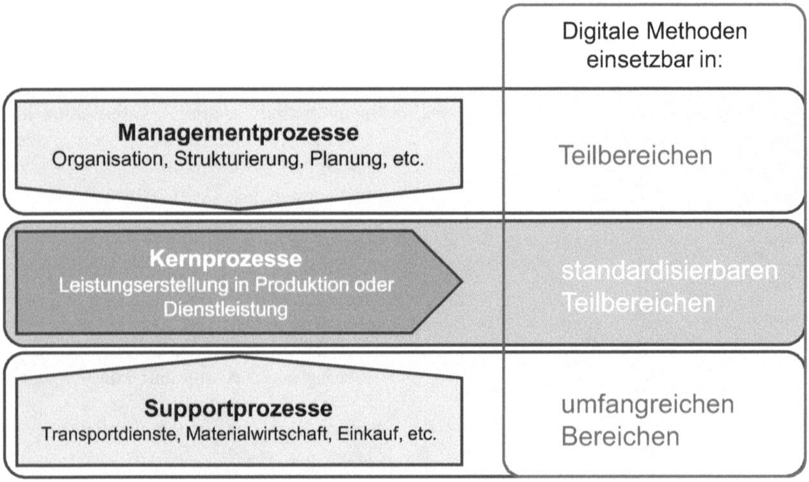

Abb. 1.1 Differenziertes Einsparpotenzial digitaler Methoden in den verschiedenen Prozesskategorien zur Wertschöpfungskonzentration (Hufnagl 2021)

hinaus. Mithilfe dieser Informationstiefe gelingt eine verbesserte Optimierung der logistischen und industriellen Prozessketten und Geschäftsmodelle erfahren eine Effizienzsteigerung oder Erweiterung.

Neue Geschäftsmodelle

Darüber hinaus ermöglichen diese neu akquirierten Daten (oder Teile daraus) weitere Einsatzmöglichkeiten: In dem sie einem internen oder externen Kunden zur Verfügung gestellt werden, kann ein über das bestehende Geschäftsmodell hinausgehender Nutzen und damit Mehrwert geschaffen werden. Durch die Verarbeitung der Rohdaten und deren Verknüpfung und Interpretation wächst ein virtuelles Produkt, welches die Grundlage für ein neues oder erweitertes Geschäftsmodell bildet. Dadurch wachsen neue Dienstleistungs- und Produktideen auf der Basis von Daten. (Bousonville 017; Hufnagl 2021).

Der digitale Wertschöpfungszyklus legt offen, dass die Art, wie digitalisierte Informationen vorliegen ein entscheidendes Gütekriterium für deren Verwendung im digitalen Datenkreislauf ist. Sind Daten derart digitalisiert, dass sie zum Beispiel durch eingescannte Dokumente von papierbasierten Dokumenten entstehen, sind sie in der Dokumentensicht zwar digital im System in Form eines Bildes- oder pdf-Datei eingefügt. Ein weiterführender Mehrwert lässt sich damit jedoch nicht generieren. Sollen die Daten für eine Weiterverarbeitung oder Verknüpfung herangezogen werden können, benötigen sie eine höhere Stufe der digitalen Durchdringung. Häufig erschließt sich der volle Nutzen aus digitalisierten Daten erst beim Gebrauch in einer höheren digitalen Durchdringungstiefe, welche die Daten strukturiert im System einbindet. (Schweiger et al. 2006).

1.2.4 Digitale Reife eines Unternehmens

Über die verschiedenen Prozessschritte der Verwendung von Daten im Wertschöpfungszyklus (Abb. 1.2) werden differenzierte Stufen der digitalen Durchdringung erkennbar. Umso tiefer die digitale Penetration der Prozesse gelingt, desto größer ist deren Einfluss auf sich ändernde Wertschöpfungsprozesse und infolgedessen auf eine Weiterentwicklung der zugrunde liegenden Geschäftsmodelle durch die Verwendung von Daten. (Meudt et al. 2016b).

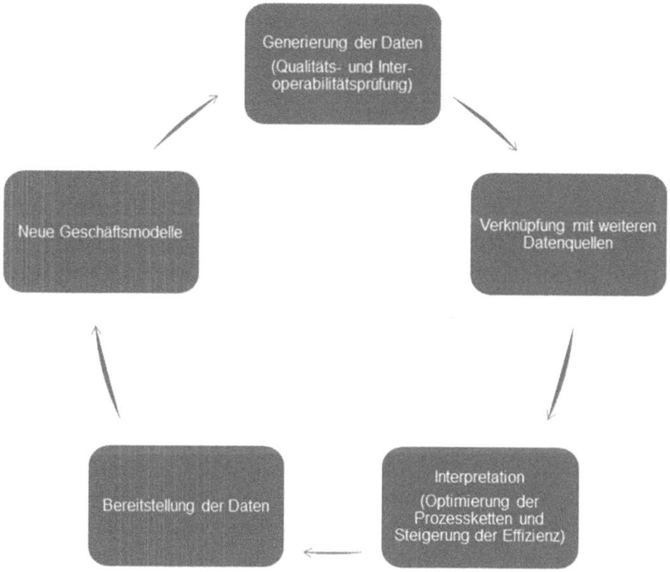

Abb. 1.2 Verwertung von Daten im digitalen Wertschöpfungszyklus (Bousonville 2017; Hufnagl 2021)

Damit wandert die digitale Reife des Unternehmens in den Mittelpunkt bei der Weiterentwicklung und strategischen Ausrichtung der Unternehmen. Dabei ist die digitale Reife eine Verknüpfung aus zwei verschiedenen, aber zueinander gehörenden Größen. Zum einen die der digitalen Intensität, welche die Investition in technologiebasierte Maßnahmen repräsentiert. Sie ist die Basis zur Änderung der Funktionsweise der Unternehmensprozesse. Wichtige Bereiche stellen bei dieser Betrachtung die Prozesse der Kundenbindung sowie die der internen Abläufe dar. Zum anderen treibt die Art und Weise der Intensität der Managementprozesse die digitale Reife des Unternehmens voran. In diesem Rahmen werden die erforderlichen Führungsqualitäten, welche die Förderung der digitalen Reife der Organisation voranbringt, geschaffen. Hierunter fallen Tätigkeiten wie zum Beispiel die Bildung einer Vision, Daten zu nutzen, um ein digitalbasiertes Geschäftsmodell zu entwerfen und zu etablieren und somit die Zukunft des Unternehmens aktiv zu gestalten. Auch der gemeinsame Ausbau der IT-Strategie mit den Geschäftspartnern und Kunden des Unternehmens zählt zu den Kernaufgaben. (Westerman et al. 2012).

Diese ganzheitliche Betrachtungsweise der Nutzungsmöglichkeiten der Daten schafft eine verbesserte Informationsgrundlage. Mit ihr gelingt es in der Regel dem Personal oder auch KI-basierten Prozessen besser, Ergebnisse zu verstehen und in Folge dieses erweiterten Verständnisses günstigere Entscheidungen für das Unternehmen zu treffen. Damit repräsentiert im datengetriebenen Wertschöpfungsmanagement die Entscheidungsunterstützung mittels Daten einen wesentlichen Aspekt bei der Effizienzsteigerung und Weiterentwicklung von Prozessen und Geschäftsmodellen. Vor allem, wenn diese Daten optisch adäquat aufbereitet und situationsangepasst vorliegen, fällt es dem Wertschöpfungspersonal in der Regel leichter, zu richtigen Entscheidungen zu gelangen, ohne eine Verschwendung in Form einer Informationsflut oder Wissenslücken hervorzubringen. Eine darüberhinausgehende Anwendung ist die Verbesserung der Vorhersagequalität. Auch sie ist ein entscheidendes Instrument zur Entscheidungsunterstützung.

Zusammenfassend kann der Einsatz digitaler Methoden und eine darauf angepasste Informationslogistik das Personal entlasten und damit deren Wertschöpfungsanteil erhöhen. Hierbei ist die entstehende Transparenz und das tiefergehende Verständnis der vorherrschenden Prozesse wie deren Ablauf, Häufigkeiten und Anteil am Wertschöpfungsprozess genauso wichtig wie eine Entlastung durch Kompensation von Prozessschritten durch den Ersatz digitaler Methoden und Technologien. Um jedoch den vollen Nutzen zu heben, müssen die Prozesse in einem vorhergehenden Schritt konsequent einer übergreifenden, prozessorientierten Ausrichtung nach wertschöpfenden Gesichtspunkten unterworfen werden (Hufnagl 2021).

1.3 Praxisbeispiel

In Hinblick auf den Einzug digitaler Möglichkeiten in den Arbeitsalltag zur Konzentration der Prozesse des Wertschöpfungspersonals bedeutet dies, dass zum Beispiel die Verlagerung auf anderes Personal, welches in der Regel niedriger qualifiziert und folglich weniger finanzielle Ressourcen benötigt, mittels digitaler Unterstützung maximiert wird. Die Verlagerung zum Beispiel von Tätigkeiten wie das Auspacken von Teilen kann durch in der Regel monetär niedriger entlohnte Mitarbeiter der Logistikabteilung durchgeführt werden. Auch eine Entlastung des Wertschöpfungspersonals durch die Einführung einer Automatisierung von standardisierbaren Leistungserbringungsprozessen ist eine probate Methode, die Wertschöpfungskonzentration des Personals zu erhöhen. Hierunter fallen Beispiele wie automatisierte Quittierungsprozesse, vorausgefüllte Datenmasken oder automatisierbare Arbeitsprozesse, welche durch zum Beispiel Computer, Sensoren, Aktuatoren oder Roboter ausgeführt werden können. Darüber hinaus können der Situation angepasste digital aufbereitete Daten eine bessere Entscheidungsgrundlage bieten und folglich einen Beitrag leisten, dem Personal die bestmögliche Grundlage zu liefern, um die richtigen Entscheidungen zu treffen. Ist zum Beispiel der Ort und die Verfügbarkeit mobiler Anlagen/Produktionsmittel digital für das Wertschöpfungspersonal sichtbar aufbereitet, entfallen oft langwierige Such- und Anfrageprozesse. Anhand dieser Beispiele ist eine Verkürzung des zeitlichen Einsatzes des Wertschöpfungspersonals bei der Leistungserbringung möglich.

Die Nutzung der Fläche kann durch die systematische Auswertung von erhobenen Daten zur Optimierung und Neuausrichtung führen. Eine konsequente Analyse der Nutzung der Flächen mittels digitaler Daten macht deren Wert im Leistungserstellungsprozess besser sichtbar (siehe Abschn. 3.1 Value Added Heat Map) und kann entsprechend einer Optimierung zugeführt werden.

Nehmen Personal und Fläche eigene Dimensionen in der Wertschöpfungskonzentration ein, stellt die am weitesten gefasste und alles umschließende Dimension des optimalen Ressourceneinsatzes die breiteste Anwendung dar. Hiermit umfasst sie die unterschiedlichsten Möglichkeiten durch den Einsatz digitaler Methoden die Wertschöpfungskonzentration zu erhöhen. In einer situationsangepassten digitalen Darstellung aller entscheidungsrelevanter Informationen am Ort des Bedarfs werden die individuellen und konkreten Bedürfnisse des Wertschöpfungspersonals optimal unterstützt, es stehen Entscheidungen unter erhöhter Sicherheit, ohne dass es zu Suchvorgängen, Wartezeiten, zufälligen Informationsketten, Improvisationshandlungen etc. kommt. Daraus entsteht zum Beispiel die Möglichkeit, automatische Warnfunktionen zu implementieren. Sie warnen beim oder vor dem Eintreffen definierter Zustände wie etwa dem Überschreiten von Grenzwerten oder fehlenden/knapp werdenden Produktionsmitteln. Neben einer digitalen Unterstützung der Informationsprozesse können Mitarbeiter auch mittels einer Automatisierung von Tätigkeiten direkt entlastet werden. Standardisierbare Prozesse, wie zum Beispiel der Einsatz von Spracherkennung bei der Dokumentation oder Informationssysteme, welche nahtlos miteinander kommunizieren und automatisiert Daten austauschen bergen eine direkte Reduzierung von Tätigkeiten des Wertschöpfungspersonals, sodass diese für ihre Kernaufgaben vermehrt zur Verfügung stehen können. (Hufnagl 2021).

Literatur

Augustin S (1990) Information als Wettbewerbsfaktor: Informationslogistik – Herausforderung an das Management. Schriftenreihe Erfolgspotentiale für Unternehmer und Führungskräfte. Verl. Industrielle Organisation, Zürich

Becker J, Kugeler M, Rosemann M (eds) (2012) Prozessmanagement: Ein Leitfaden zur prozessorientierten Organisationsgestaltung. Springer Gabler, Berlin, Heidelberg

Bick W (2011) Warum Industrie 4.0 und Lean zwingend zusammen gehören. VDI-Z 2011:46–47

Blady L, Wehkamp K (2018) Erfolgsfaktoren bei der Einführung digitaler Workflows im Krankenhaus. In: Müller-Mielitz S, Sottas B, Schachtrupp A (eds) Innovationen in der Gesundheitswirtschaft: Theorie und Praxis von Businesskonzepten. bibliomed, Melsungen, S. 157–169

Bousonville T (2017) Logistik 4.0: Die digitale Transformation der Wertschöpfungskette. Springer Gabler, Saarbrücken

Dinter B, Winter R (2008) Integrierte Informationslogistik. Springer-Verlag, Berlin Heidelberg, Berlin, Heidelberg, Business Engineering

Erlach K (2010) Wertstromdesign. Springer, Berlin Heidelberg, Berlin, Heidelberg

Gleißner H, Femerling C (2008) Logistik: Grundlagen – Übungen – Fallbeispiele. Lehrbuch. Betriebswirtschaftlicher Verlag Dr. Th. Gabler | GWV Fachverlage GmbH Wiesbaden, Wiesbaden

Hufnagl C (2021) Ermittlung des Potentials der Wertschöpfungsoptimierung durch den Einsatz der Digitalisierung, Vernetzung und digitalen Transformation in Krankenhäusern entlang des Patientenpfades, University of Bayreuth

Klevers T (2009a) Wertstrom-Mapping und Wertstrom-Design: Verschwendung erkennen – Wertschöpfung steigern, 1st edn. mi-Wirtschaftsbuch, München

Klevers T (2009b) Wertstrom-Mapping und Wertstrom-Design: Verschwendung erkennen – Wertschöpfung steigern, 1st edn. mi-Wirtschaftsbuch, München

Meudt T, Leipoldt C, Metternich J (2016a) Der neue Blick auf Verschwendungen im Kontext von Industrie 4.0. ZWF 111:754–758. https://doi.org/10.3139/104.111617

Meudt T, Rößler MP, Böllhoff J, Metternich J (2016b) Wertstromanalyse 4.0. ZWF 111:319–323. https://doi.org/10.3139/104.111533

Müller-Mielitz S, Sottas B, Schachtrupp A (eds) (2018) Innovationen in der Gesundheitswirtschaft: Theorie und Praxis von Businesskonzepten. bibliomed, Melsungen

Ohno T, Bodek N (1978) Toyota Production System: Beyond Large-Scale Production. Productivity Inc, New York

Pfannstiel MA, Rasche C, Mehlich H (eds) (2016) Dienstleistungsmanagement im Krankenhaus: Nachhaltige Wertgenerierung jenseits der operativen Exzellenz. SpringerLink. Springer Gabler, Wiesbaden

Schröder J, Tomanek PD (2015) Wert, Wertschöpfung und Verschwendung. In: Woratschek H, Schröder J, Eymann T, Buck M (Hrsg) Wertschöpfungsorientiertes Benchmarking: Logistische Prozesse in Gesundheitswesen und Industrie. Springer Vieweg, Berlin, S 13–23

Schweiger A, Leimeister JM, Niggemann J, Feussner, H. & Krcmar, H. (2006) Softwareagenten für die Überwindung von Medienbrüchen bei der Patientenversorgung – Ein Fallbeispiel aus dem Klinikum rechts der Isar der Technischen Universität München. HMD – Praxis der Wirtschaftsinformatik 2006:88–100

Tomanek DP, Schröder J (2018) Value Added Heat Map: Eine Methode zur Visualisierung von Wertschöpfung. Springer Gabler, Wiesbaden

Wagner KW, Käfer R (2017) PQM – prozessorientiertes Qualitätsmanagement: Leitfaden zur Umsetzung der ISO 9001, 7th edn

Weintraub J (2003) The Myth of the Paperless Office (review). portal: Libraries and the Academy 3:161–162. https://doi.org/10.1353/pla.2003.0023

Wibbeling S, Hintze M, Deiters W (2017) Das Krankenhaus der Zukunft: Von der Gegenwart in die Zukunft. Praxiswissen, Dortmund

Konzepte und Methoden des Wertschöpfungsmanagements 2

Jürgen Schröder, Hildegard Kriner und Laura Marcus

2.1 Value Added Heat Map

Jürgen Schröder und Hildegard Kriner

Generell kann die Wertschöpfungskonzentration innerhalb eines Unternehmens auf verschiedene Faktoren fokussiert werden. Darunter fallen unter anderem verfügbare Ressourcen wie benötigte Flächen, eingesetztes Personal sowie genutzte Maschinen und Werkzeuge. Um in diesen Punkten enthaltene Potenziale zur Optimierung der Ressourcennutzung zu heben, wurde 2018 von Tomanek und Schröder die Value Added Heat Map (VAHM) entwickelt. Dies ist eine Optimierungsmethode, welche basierend auf dem Prinzip der Thermographie die Nutzung von den im Fokus stehenden Ressourcen visualisiert. (Tomanek und Schröder 2018a) Dabei werden Layouts der bestehenden Lager- und Flächenstrukturen herangezogen und mittels der VAHM hinsichtlich der Nutzung farblich hinterlegt. Daraus entsteht ein klares Bild, welches Optimierungspotenziale aufzeigt.

J. Schröder · H. Kriner (✉)
Technische Hochschule Ingolstadt, Ingolstadt, Deutschland
E-Mail: Hildegard.Kriner@sana.de

J. Schröder
E-Mail: schroeder@schroeder-wollomoos.de

L. Marcus
Technische Hochschule Augsburg, Augsburg, Deutschland
E-Mail: laura.marcus@hs-ausgburg.de

J. Schröder (Hrsg.), *Wertschöpfung und Digitalisierung*,
https://doi.org/10.1007/978-3-658-43584-4_2

Zunächst werden die notwendigen Vorüberlegungen zur Entstehung der VAHM dargestellt. Im Anschluss wird ein Beispiel aufgezeigt. Abschließend wird im Ausblick auf mögliche Weiterentwicklungen eingegangen.

2.1.1 Vorüberlegungen: Visualisierung der Ressourcennutzung

2.1.1.1 Ursprung der Value Added Heat Map

Die VAHM als Methode zur Visualisierung von Ressourcennutzung orientiert sich an den zentralen Grundsätzen der schlanken Produktion nach dem Toyota Produktionssystem. Ziel ist es, zwei der zentralen Grundsätze dieser Philosophie in den Fokus der Optimierung zu stellen. Neben dem bekannten, oft alleinig betrachteten Grundsatz der Eliminierung bzw. Minimierung von Verschwendung (MUDA) finden diese zwei weiteren Grundsätze meist wenig Beachtung: Die Unausgeglichenheit (MURA) und die Überbeanspruchung (MURI) von eingesetzten Produktionsfaktoren. Die Idee, Unausgeglichenheit sowie die Überbeanspruchung von Ressourcen mithilfe einer neu entwickelten Visualisierungsmethode zu beleuchten, entstand bereits in den 2010er Jahren im Rahmen verschiedener Optimierungsprojekte, in denen die Autoren Tomanek und Schröder mitwirkten. Dabei war folgender Aspekt ursächlich für die Entstehung dieser Idee: Vermehrt auftretende Flächenengpässe bei gleichzeitig wachsendem Flächenbedarf. Nachdem der erste Schritt der Analyse von Reichweiten an den verschiedenen Arbeitsplätzen und damit einhergehender Bestandsreduzierung nicht den ausreichenden gewünschten Erfolg erzielte, entstand der Bedarf an einer neuen Herangehensweise. Daraus abgeleitet bestand die Fragestellung, mit welchen Methoden die bestehende Flächennutzung und deren Wertschöpfungskonzentration visualisiert werden kann.

2.1.1.2 Funktionsweise der Value Added Heat Map

Die VAHM ist eine Methode, welche eine Visualisierung des Wertschöpfungsgrades ermöglicht. Sie basiert auf der Funktionsweise der Thermographie, die ein bildgebendes Verfahren zur Darstellung von Temperaturen auf verschiedenen Oberflächen ist. Hierfür wird eine farbliche Skalierung eingesetzt, bei der ein Farbverlauf von Blau (besonders kalt) bis hin zu Rot (besonders heiß) verwendet wird. Dieses Prinzip greift die VAHM auf und ordnet besonders stark genutzten Flächen, wertschöpfend eingesetztem Personal sowie stark ausgelasteten Anlagen und Maschinen rötliche Farben zu, welche das auf einen Blick in der Darstellung symbolisieren. Somit ähnelt die Darstellung der VAHM der eines Wärmebildes, das auf ein Layout, z. B. dem Grundriss einer Produktionshalle, übertragen wird. Es bieten sich eine Reihe von Möglichkeiten zur Visualisierung an. So können beispielsweise Anlagenauslastung, nicht bzw. mit überschüssigem Material genutzte Flächen oder Bewegungen eines Lagerplatzes dargestellt werden. Im Folgenden wird zunächst auf die Flächennutzung eingegangen.

Dabei wird auf dem Layout ein Raster aufgelegt, bei dem ein Rasterquadrat einem Quadratmeter entspricht. Die farbliche Markierung pro Quadratmeter ermöglicht eine Bewertung bzw. ist Grundlage für die Berechnung von Kennzahlen.

Ursächlich für die Betrachtung der Flächennutzung mithilfe der VAHM waren verschiedene Aspekte: Bei der monetären Bewertung von Flächen werden meist die Kosten pro Quadratmeter bewertet. Dabei wird nicht unterschieden, welche Flächen mit Produktionsanlagen belegt sind, Laufwege oder Pufferflächen. Somit ist keine Unterscheidung möglich, welche Flächen tatsächlich an der Wertschöpfung beteiligt sind. Daraus resultiert, dass kein Fokus auf ein mögliches Potenzial für Flächenverdichtung gegeben ist. Somit dient die VAHM in diesem Bereich dazu, die gezielte Auslastung von Flächen hinsichtlich ihres Beitrages zur Wertschöpfung darzustellen.

Bewertungsskala

Es wird zwischen drei verschiedenen Stati der Flächen unterschieden: wertschöpfend, wertschöpfungsunterstützend und nicht-wertschöpfend. Ergänzend dazu werden bei den nicht-wertschöpfenden Tätigkeiten verschiedene Ausprägungen unterschieden, weshalb bei der Erstellung der Bewertungsskala schlussendlich zwischen acht verschiedenen Wertschöpfungsgraden differenziert wird (Abb. 2.1).

Werden Flächen mit dem Wertschöpfungsgrad 0 bewertet, so findet in diesem Bereich keinerlei Wertschöpfung statt. Bei einem Wertschöpfungsgrad 8 liegen im betrachteten Bereich ausschließlich wertschöpfende Tätigkeiten vor. Gerade das Spektrum der wertschöpfungs-unterstützenden Grade haben differenzierte Ausprägungen, was durch deren Unterteilung in sechs verschiedene Wertschöpfungsgrade von 1 bis 7 deutlich wird. Je geringer die Ausprägung, desto eher stellen diese Flächen ein Potenzial zur Optimierung dar. So sind ungenutzte Flächen wertschöpfend in den Prozessablauf zu integrieren, Pufferflächen zu reduzieren und Distanzen zwischen benötigtem Material und Arbeitsplatz zu minimieren. Den maximalen Wertschöpfungsbeitrag ($W_{max.}$) im Hinblick auf die Flächennutzung leisten eingesetzte Roboter und Maschinen an einer Produktionslinie.

Wie bereits erläutert, basiert die Visualisierung auf eine Einteilung der Flächen pro Quadratmeter. Auf dieser Basis lassen sich verschiedene Kennzahlen berechnen, welche das vorhandene Optimierungspotenzial quantifizierbar gestalten.

Wert-schöpfungs-grad	Bedeutung der Flächennutzung
-	Neutrale Bewertung; (z.B. Fahrwege für FFZ)
0	Ungenutzte Flächen, Leergut-, Abfall-, n.i.O.-Teilflächen
1	Verfügbare, ungenutzte Flächen
2	Besprechungs-, Aufenthalts- & Büroflächen
3	Pufferflächen f. Fertig- & Zwischenerzeugnisse
4	Distanz Material- & Arbeitsfläche: 1m - 5m
5	Distanz Material- & Arbeitsfläche: max. 1m
6	Administrativer Arbeitsplatz an der Produktionslinie
7	Operativer Arbeitsplatz an der Produktionslinie
8	Produktionslinie inkl. Anlagen & Maschinen

$W_{min.}$ → $W_{max.}$

Abb. 2.1 Ausprägungen der Wertschöpfungsgrade der VAHM „Fläche"

Kennzahlen: Wertschöpfungsdichte & Verdichtungspotenzial

Um eine valide Bewertung des vorhandenen Potenzials zu ermöglichen, sind Kennzahlen unabdingbar. Generell ermöglichen Kennzahlen eine Hilfestellung zur Planung und Steuerung von Prozessen und bieten eine Informationsgrundlage zur Entscheidungsfindung. Auf Basis der VAHM und der darin enthaltenen Einstufung in Wertschöpfungsgrade ist die Berechnung einer sog. Wertschöpfungsdichte (WD) möglich. Dabei setzt sich die Wertschöpfungsdichte aus dem Quotienten der wertschöpfend genutzten Fläche dividiert durch die mögliche $W_{max.}$ der Gesamtfläche. Dabei gilt:

$$WD[\%] = \frac{\sum_{i=1}^{n} AR_i \times WG_k}{ARges \times WGmax} * 100$$

es gilt: WD = Wertschöpfungsdichte,
AR_i = Rasterquadrant „i" (Fläche AR = 1m2),
i = 1,2,3, …, N,
WG_k = Wertschöpfungsgrad „k",

$k = 0{,}1{,}2, \ldots, 8,$
$\mathrm{AR}_{\mathrm{ges}} =$ Gesamtfläche $[m2]$
$\mathrm{WG}_{\max} =$ maximaler Wertschöpfungsgrad $(k = 8)$.

Sobald die bestehende Wertschöpfungsdichte berechnet ist, steht in einem nächsten Schritt die Ermittlung der möglichen Optimierungspotenziale an. Dies ist das theoretische Verdichtungspotenzial, welches angibt, um welchen prozentualen Anteil die Wertschöpfungsdichte maximal zu erhöhen ist.

$$VP_{theor}[\%] = 100 - WD$$

Dabei gilt:

$VP_{theor} =$ Theoretisches Verdichtungspotenzial,
$WD =$ Wertschöpfungsdichte.

Zur Ermittlung des theoretischen Verdichtungspotenziales ist eine exakte Beurteilung der Flächennutzung unabdingbar. Dabei ist klar, dass ungenutzte Flächen das höchste Potenzial zur Erhöhung der Wertschöpfungsdichte innehaben. Allerdings ist der Einfluss von strategischen und operativen Aspekten zwingend zu berücksichtigen. So sind essenzielle Inhalte der Optimierung unter anderem die Analyse der Materialbereitstellung und aller vorgelagerten Schritte. Ebenso sind die sowohl physischen als auch ergonomischen Auswirkungen der Erhöhung der Wertschöpfungsdichte auf das eingesetzte Personal, Maschinen und Anlagen zu berücksichtigen.

2.1.1.3 Anwendung der VAHM

Um die VAHM mit Fokus auf die Flächennutzung in der Praxis umzusetzen, wurde die Fläche von 772 m^2 einer Produktionslinie eines Automobilzulieferers herangezogen. Dafür wurde das bestehende Layout der Produktionshalle zur Verfügung gestellt, welches mit Rastern (jeweils 1 m^2) überzogen wurde.

Im Anschluss daran erfolgte die eigentliche Aufnahme der Wertschöpfungsgrade mithilfe einer Multimomentaufnahme, bei denen die einzelnen Raster einer Bewertung unterzogen werden. Die Verteilung der ermittelten Wertschöpfungsgrade und der Rastermatrix wird in der Abb. 2.2 dargestellt:

Anhand dieser Bewertung lassen sich die bereits beschriebenen Kennzahlen der Wertschöpfungsdichte und des Verdichtungspotenziales errechnen.

Anzahl m²	Wertschöpfungs-grad
12 m²	0
94 m²	1
60 m²	3
68 m²	5
241 m²	6
44 m²	7
258 m²	8

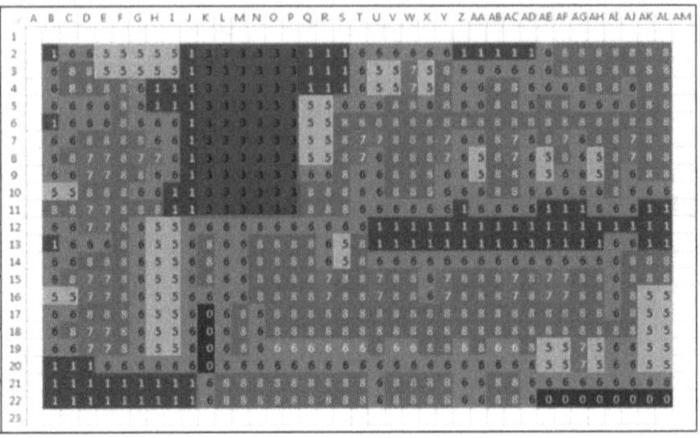

Abb. 2.2 Beispiel der VAHM mit Fokus auf die Flächennutzung (Tomanek und Schröder 2018b)

Zur Einordnung dieser Kennzahlen ist vorwegzunehmen, dass eine Wertschöpfungsdichte von 100 % eine komplette Belegung der vorhandenen Fläche mit Anlagen und Maschinen voraussetzt. Realistisch betrachtet ist dieser Zustand trotz einem stetig ansteigenden Grad an Automatisierung kaum zu erreichen. Auch eine Verdichtung bestehender administrativer Arbeitsplätze inkl. der vorhandenen Büroflächen bedarf einer detaillierten Potenzialanalyse.

In dem dargestellten Beispiel berechnet sich die Wertschöpfungsdichte wie folgt:

$$WD[\%] = \frac{12\,\mathrm{m}^2 \times 0 + 94\,\mathrm{m}^2 \times 1 + 60\,\mathrm{m}^2 \times 3 + 68\,\mathrm{m}^2 \times 5 + 241\,\mathrm{m}^2 \times 6 + 44\,\mathrm{m}^2 \times 7 + 258\,\mathrm{m}^2 \times 8}{777\,\mathrm{m}^2 \times 8} * 100 = 71{,}3$$

$$VP_{theor}[\%] = 100 - 71{,}3 = 28{,}7$$

Um das theoretische Verdichtungspotenzial in ein praktisches umzusetzen, ist eine nähere Betrachtung der Verteilung der verschiedenen Wertschöpfungsgrade notwendig. Es besteht folgender Zusammenhang: Umso geringer der Wertschöpfungsgrad, desto größer das tatsächlich vorhandene Verdichtungspotenzial. Somit können die ermittelten Potenziale der Wertschöpfungsgrade 0 und 1 nahezu vollständig als umsetzbar angesehen werden. In diesem Beispiel ist somit eine Erhöhung der Wertschöpfungskonzentration von 13 % potenziell sofort realisierbar. Dieses Potenzial ist auf der Darstellung auf den ersten Blick zu sehen, was im Hinblick auf eine Entscheidung für eventuelle Investitionen in die Optimierung von logistischen Prozessen und deren Gestaltung einen klaren Vorteil bietet.

Allerdings sind bestehende Restriktionen aufgrund baulicher Gegebenheiten ebenso wie die ergonomischen Belastungen zu berücksichtigen. Aufgrund dessen gibt es für diese Bereiche eine gesonderte Betrachtung, weshalb im Folgenden die VAHM mit Fokus auf Anlagen und Maschinen geschildert wird.

Auslastung von Anlagen
Die VAHM zur Identifizierung von Flächenpotenzialen kann zugleich als Grundlage für eine Beurteilung der Anlagennutzung herangezogen werden.

So können die Anlagen hinsichtlich ihres Nutzungsgrades beurteilt werden. Anlagen, die nur wenige Stunden in der Woche betrieben werden, haben folglich einen geringen Anlagennutzungsgrad. Hingegen haben Anlagen, die in drei Schichten, womöglich sogar am Wochenende, produzieren, einen maximalen Anlagennutzungsgrad. Um die Bewertung der Anlagen bezüglich des Aufstellungsortes durchzuführen, wird das Layout nach wertvollen und weniger wertvollen Flächen beurteilt. Eine Produktionsfläche nahe eines Warenverteilzentrums (Wareneingang und Versand) ist beispielsweise besonders wertvoll. Genau hier sollten folglich aus logistischen Gründen diejenigen Anlagen platziert werden, die über einen hohen Anlagennutzungsgrad verfügen.

Nicht selten müssen insbesondere bei Serienherstellern bedingt durch häufige An- und Ausläufe Anlagenumzüge durchgeführt werden. Bei Montagearbeitsplätzen ist dies i. d. R. leichter zu bewältigen als bei komplexen Produktionsanlagen mit hohem Automatisierungsgrad. Es muss berücksichtigt werden, dass Anlagen mit diffiziler Verfahrenstechnik häufig für verschiedene Produktionslinien benötigt werden. Beispielsweise verfügt eine Lackieranlage unabhängig von den Produktionslinien über eine deutlich längere Nutzungsdauer. Dies hat zur Folge, dass anhand der zu erwartenden Bewegungen der ideale Platz in der Planung für die gesamte Nutzungsdauer ermittelt werden muss. Ein Umzug dieser Anlage kommt aus Wirtschaftlichkeitsgründen nur in den seltensten Fällen infrage. Ist der Platz einmal definiert und die Anlage in Betrieb genommen, so wird sie von möglichen Umzügen ausgeschlossen.

Ein weiteres Kriterium, welches ebenfalls in diesem Zusammenhang mit der Flächenbetrachtung genutzt werden kann, ist die Geometrie der innerbetrieblich zu transportierenden Materialien. Große Teile erfordern ggf. eine erhöhte Anzahl von Transporten. Es ist also naheliegend, die Anzahl der Transporte, die einerseits zur Materialversorgung und anderseits zur -entsorgung benötigt werden, in die Betrachtung einfließen zu lassen. Konkret bedeutet dies, dass der Anlagennutzungsgrad mit den notwendigen Transporten gewichtet werden muss. Hierdurch kann die Beurteilung zu einem anderen Ergebnis führen. Eine Anlage, die beispielsweise im drei Schichten betrieben werden muss, aber nur Kleinstteile produziert, hat ein geringes

Transportvolumen. Folglich muss diese Anlage nicht zwangsläufig auf einer sehr wertvollen Fläche platziert werden.

Vormontagen müssen auch bei geringen Nutzungsgraden gesondert betrachtet werden. Diese sind in unmittelbarer Nähe der Endmontagen zu platzieren, um möglichst kurze Transportwege zu erhalten. Für die Beurteilung des Anlagennutzungsgrades sind deshalb Vor- und Endmontagen als eine Einheit anzusehen.

Die Entscheidung, den richtigen Platz für eine Anlage zu finden, kann also von verschiedenen Faktoren abhängig sein. Die VAHM bietet durch die Visualisierungsmöglichkeit hierbei eine bedeutsame Hilfestellung.

Verkehrsbelastung

Bereits Tomanek und Schröder haben aufgezeigt, dass es für die Wahl von geeigneten Plätzen für Anlagen sinnvoll sein kann, die Verkehrsbelastung innerhalb der Fabrik zu visualisieren. Durch eine starke Belastung einzelner Wege innerhalb der Fabrik kann es beispielsweise zu Staus im Stapler- bzw. Routenzugverkehr kommen. Darüber hinaus können durch die falsche Platzierung aufgrund hohen Verkehrsaufkommens Unfallschwerpunkte vorhanden sein. Die vorgestellte Methode der Traffic Load Heat Map (TLHM) basiert auf der VAHM. Sie zeigt die Verkehrsbelastung innerhalb bestimmter Zeitabstände auf. Analog zur VAHM wird das Layout zu Grunde gelegt. Die Verkehrswege sind hierbei die zu betrachtenden Objekte. Wege mit hoher Belastung werden analog zur VAHM rot gekennzeichnet, diejenigen mit geringem Verkehr blau. Generell ist davon auszugehen, dass Kreuzungen von Verkehrswegen eine besondere Aufmerksamkeit einzuräumen sind. Es bietet sich weiterhin an, für die Prozessaufnahme diejenigen Zeiten auszuwählen, an denen das größte Transportvolumen innerhalb der Fabrik existiert. Zudem sollten Quelle und Senke des Transports erfasst werden. Unternehmen, die über ein umfassendes Staplerleitsystem verfügen, besitzen bereits die auszuwertenden Daten. Diese können über die TLHM visualisiert werden.

Da die manuelle Erfassung der Daten sich als herausfordernd erweist, bieten sich digitale Möglichkeiten an. Eine einfache und leicht zu realisierende Möglichkeit stellt hierbei die Barcode-Scannung dar. Jeder Stapler, jede Quelle und jede Senke können mit einem Barcode versehen werden. Durch einfache Scannung bei Abholung und bei Ankunft am Zielort mit jeweiliger Uhrzeit sind die grundlegenden Daten ermittelbar.

Lagerplatzbelegung

Das Prinzip der VAHM kann zudem auf eine Lagerplatzbelegung angewandt werden. Lagerplätze können analog in wertvolle und weniger wertvolle eingeteilt werden. Die Anzahl der Zugriffe dient als Messwert für die Beurteilung.

Eine hohe Anzahl von Zugriffen wird im Lagerspiegel mit rot markiert. Im Gegensatz dazu werden Lagerplätze mit wenige Zugriffe innerhalb eines definierten Zeitraums blau gekennzeichnet. Diese Methode ermöglicht es, schnell einen Überblick über Waren zu erhalten, die auf einem nicht sinnvollen Platz gelagert werden. I.d.R. werden, sofern kein funktionierendes Optimierungstool im Warehouse-Management-System integriert ist, Potenziale sichtbar.

Prozessvisualisierung
Die Methodik zur Visualisierung analog zur VAHM in Informationsflüssen lässt sich einfach realisieren. Die Komplexität entsteht nicht selten durch die enorme Anzahl von Prozessschritten. Diese sind teilweise vermeidbar. Manuelle Datenübernahmen oder Papierkopien zur Weiterleitung an andere Prozessschritte, um Informationen weiterzuverarbeiten, sind eindeutige Indikatoren für Medienbrüche. Medienbrüche erfordern zusätzliche vermeidbare Aufwände.

In der Beurteilung wird ein Informationsfluss über mehrere Prozessschritte als besonders wertvoll betrachtet, wenn alle benötigten Informationen zeitgerecht in digitaler und direkt weiterzuverarbeitender Form an der benötigten Stelle vorliegen und möglichst automatisiert weiterverarbeitet werden können. Somit ist es möglich, den Prozess zu beschleunigen. Wartezeiten und Übertragungsfehler können vermieden werden. Um einzelne Prozesse zu bewerten, bietet sich eine Visualisierung über eine Digitalisierungslandkarte an. (Gimpel et al. 2021) Diese Methode visualisiert, welche Prozessschritte hohe manuelle Aufwände erfordern (Abb. 2.3).

Die zu bewertenden Objekte sind in dieser Methode die Übertragungswege der Informationen. Informationen, die beispielsweise manuell übertragen werden müssen, erfordern einen zusätzlichen Aufwand. Fallen diese Übertragungen häufig an, führt dies zwangsläufig zu einem erhöhten Personaleinsatz, daraus resultierend zu

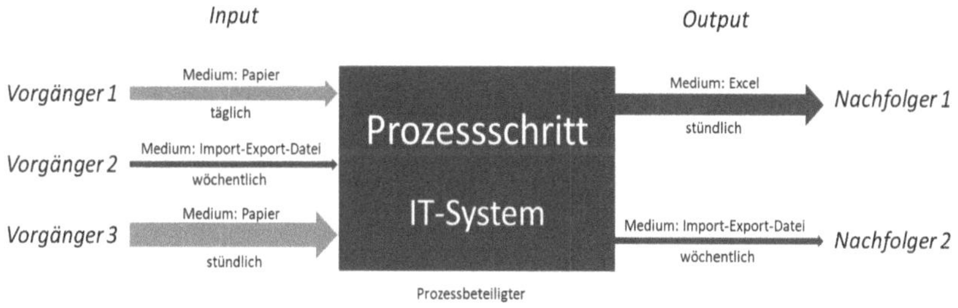

Abb. 2.3 Beispiel einer Digitalisierungslandkarte für Prozesse (Gimpel et al. 2021)

Zeitverzögerungen durch die Bearbeitung. Zudem steigt die Anzahl von Übertragungsfehlern. Durch die Verkettung aller Prozessschritte sind die Potenziale leicht identifizierbar. Breite rote Pfeile weisen auf Medienbrüche hin.

2.1.2 Anwendung der VAHM in der Praxis

2.1.2.1 Verkehrsbelastung: VAHM und TLHM

In einer Produktionsstätte eines Automobilzulieferers traten immer wieder Staus auf der Strecke zum Versandlager auf. Über die VAHM in Verbindung mit der TLHM konnten erhebliche Verbesserungspotenziale aufgezeigt werden. Es konnte nachgewiesen werden, dass der Verkehr von und zur manuellen Behälterreinigung für Kleinladungsträger in einem wertvollen Bereich platziert war, obwohl es sich um einen wertschöpfungsunterstützenden Prozess handelt.

Im Rahmen eines Studentenprojektes wurden die Daten mittels mobiler Scanner erhoben. Da die Materialübernahmen und -abgaben systemtechnisch erfasst wurden, konnten die Quellen und Senken mit jeweiligen Zeitangaben zur Auswertung ausgelesen werden. Die Stapler und Routenzüge wurden mit einem Barcode versehen. In einer Multimomentaufnahme erfassten die Studenten an kritischen Punkten in der Fabrik die Stapler über einen mobilen Scanner. Es erfolgte eine zweite Scannung durch einen weiteren Studenten in einer kurzen Entfernung zur ersten Scannung. Damit war es möglich, später die Fahrtrichtung zu ermitteln.

Die erfassten Daten ermöglichten die Erstellung der TLHM. Diese visualisierte, dass die Verkehrsbelastung an der Behälterreinigung durch den Transport von fertigen Erzeugnissen sowie dem Leergut für Versandprodukte überdurchschnittlich hoch war. Bestätigt wurde diese Aussage durch immer wieder auftretende Staus. Zudem wurde berichtet, dass es immer wieder zu gefährlichen Situationen kam.

Da Routenzüge für Kleinladungsträger im Einsatz waren, konnten über die VAHM und TLHM andere Plätze für die manuelle Behälterreinigung bewertet werden. Es zeigte sich, dass ein weniger wertvoller Bereich für die Behälterreinigung deutlich sinnvoller genutzt werden konnte. Diese Fläche lag zudem auf dem direkten Rückweg der Routenzüge. Neben der Reduzierung der Verkehrsbelastung im betroffenen Bereich konnte zugleich die zurückzulegende Strecke für Routenzüge reduziert werden und somit die Effizienz erhöht werden.

An einem anderen kritischen Punkt traten immer wieder Staus auf, weil Behälter mit Fertigerzeugnissen zum Abtransport auf den Hauptverkehrsweg gestellt wurden. Durch die Ermittlung der VAHM konnte aufgezeigt werden, dass der

Platz an der Anlage nicht optimal genutzt wurde. Durch das Verlegen des administrativen Arbeitsplatzes konnte genügend Platz geschaffen werden, um die Behälter nicht auf dem Fahrweg abzustellen.

2.1.2.2 VAHM zur Prozessanalyse

Beispielhaft ist die Zielstellung, in einem Unternehmen der Dienstleistungsbranche die Digitalisierung der Prozesse voranzutreiben.

Hierzu wird eine IST-Analyse anhand der vorgestellten Methode durchgeführt. Es werden alle Prozesse des Unternehmens erfasst und für die Hauptprozesse Digitalisierungslandkarten erstellt. Anhand diesen kann visualisiert werden, wie viele Prozesse papierunterstützt durchgeführt werden. Dabei zeigt die Auftragsannahme erhebliche Potenziale auf, da mit Ausnahme der Eingabe der Auftragsdaten in die Kundenauftragsverwaltung sämtliche Prozessschritte nicht papierlos erfolgen. Aufgrund dieser Tatsache wird die Notwendigkeit eines Internetportals für Kunden nachgewiesen .

Im Hinblick auf den voranschreitenden Einsatz digitaler Technologien ist ein weiteres Einsatzgebiet für die VAHM mit folgender Fragestellung denkbar:

Wie hoch ist der Nutzungsgrad digitaler Technologien im Prozessverlauf?
Zielstellung dabei ist, den Einsatz digitaler Technologien zur Datengewinnung, Prozessüberwachung und -steuerung anhand der VAHM zu messen. Eine Bewertung der digitalen Abbildung ist pro einzelnem Prozessschritt sowie den Informations- und Materialflüssen dazwischen möglich. Anhand dessen lässt sich ein Digitalisierungsgrad mit Fokus auf den Prozess darstellen. Werden Prozesse mithilfe bewährter Methoden wie dem BPMN, der Value Stram Model and Notation (VSMN) oder der WSM visualisiert, so lässt sich darüber eine VAHM für die Nutzung digitaler Technologien legen. Damit einher geht der Grad der Automatisierung, da hoch digitalisierte Prozesse meist auch einen hohen Grad an Automatisierung aufweisen.

2.1.3 Ausblick und weitere Entwicklungsstufen

Die VAHM als innovative Methode zur Darstellung der Wertschöpfungsgrade von Flächen und Ressourcen übermittelt einfach und klar strukturiert die vorhandenen Optimierungspotenziale eines Unternehmens an die zuständigen Prozessmanager. Dabei bedient sie sich bereits bewährten Vorgehensweisen zur Visualisierung: der Thermographie. Diese ist sowohl hochspezialisiertem Logistikpersonal als auch Laien in diesem Bereich einfach verständlich. Durch diese Vorgehensweise lässt sich die VAHM auf verschiedenste Bereiche und Fokusthemen übertragen, was für eine weitere Entwicklung der Visualisierungsmethode essenziell ist.

Fragestellungen hinsichtlich dem Digitalisierungsgrad können ebenso mit dieser Methode verstärkt visualisiert werden. Darin liegt ein hohes Potenzial, auf den ersten Blick mögliche Einsatzgebiete von Technologien zu prüfen. Allerdings kann die VAHM nicht alleinig in Betrachtung gezogen werden, da auch ein sinnvolles Maß für den Einsatz digitaler Technologien meist parallel mitbetrachtet werden muss.

2.2 Value Stream Model and Notation

Hildegard Kriner

In Zeiten der fortschreitenden Digitalisierung und der daraus abgeleiteten digitalen Transformation von Prozessen ist der Bedarf an Methoden zur Prozessoptimierung mit Fokus auf den Einsatz digitaler Technologien hoch. Einfach verständliche Visualisierungen der Prozesse legen dabei den Grundstein für die essenzielle Transparenz des Optimierungsprozesses. Aus dieser Notwendigkeit heraus wurde die Value Stream Model and Notation (VSMN) entwickelt. Die VSMN ist eine Erweiterung der bekannten Wertstrommethode um Elemente aus der Modellierungssprache BPMN. Sie dient dazu, die neuralgischen Punkte der Verknüpfung von Material- und Informationsfluss aufzuzeigen und daraus resultierende Potenziale zur Nutzung von digitalen Technologien in der betrachteten Supply Chain darzustellen, Soll-Konzeptionen zu entwickeln sowie Handlungsempfehlungen abzuleiten.

2.2.1 Vorüberlegungen: Bedarf einer neuen Analysemethode

Die VSMN ist im Rahmen des BMBF geförderten Projektes Hospital 4.0 entstanden, in welchem verschiedene Prozesse der Krankenhauslogistik betrachtet und mithilfe der VSMN analysiert wurden (Gimpel und Schröder 2021). Kern dieses Projektes war es, die logistischen Prozesse in Krankenhäusern mithilfe digitaler Technologien zu optimieren und im Sinne des Primärprozesses mit Fokus auf die Versorgung der Patienten zu gestalten.

So modern und auf technisch höchstem Stand dieser Primärprozess in Krankenhäusern rund um die Pflege und Versorgung der Patienten ist, so veraltet erscheinen die Strukturen der Sekundärprozesse, welche den Primärprozess erst ermöglichen. Dazu zählen u. A. Prozesse und Strukturen der internen und externen Lagerstandorte für die Versorgung von Krankenhäusern mit Medizinprodukten (Kriegel 2012). Nicht selten finden sich in diesen Bereichen noch papierbasierte Prozesse, wie beispielsweise die Kommissionierung anhand von Kommissionierlisten (Klauber 2019). Aufgrund dieser großen Diskrepanz besteht die Herausforderung darin, die Lagerprozesse auf ein höheres Level hinsichtlich der eingesetzten digitalen Technologien sowie deren Automatisierungsgrad zu heben. Die Entwicklungsschritte der letzten Jahre im Hinblick auf die Prozessoptimierung und des Einsatzes digitaler Technologien sind dabei bestenfalls zu überspringen oder zumindest Erfahrungswerte von Digitalisierungsprojekten anderer Bereiche und Industriezweigen zu nutzen.

Daraus resultierend besteht der Bedarf, eine Analysemethode zu verwenden, die sowohl den Material- und Informationsfluss als auch deren Schnittstellen visualisieren kann und Optimierungspotenziale hinsichtlich des Einsatzes von digitalen Technologien aufzeigt. Dabei dienen digitale Technologien dazu, die Transparenz von Beständen, Prozessabläufen und Durchlaufzeiten zu erhöhen und Veränderungen im Prozess messbar zu gestalten.

Im Folgenden werden verschiedene Aspekte geschildert, welche den Bedarf an einer Methode zur Prozessvisualisierung sowie für den Einsatz digitaler Technologien weiter untermauern.

2.2.1.1 Brennglaseffekt der Covid-19-Pandemie auf veraltete logistische Prozesse

Den Bedarf an Methoden zur Optimierung von Prozessen in Krankenhäusern hat die Anfang 2020 begonnene Covid-19-Pandemie wie ein Brennglas verstärkt. Veraltete, nicht digitalisierte oder automatisierte Prozesse standen einer flexiblen Versorgung bei regionalen Engpässen im Weg.

Die Ausnahmesituation der Pandemie und deren Phasen von 2020 bis 2022 hatten verschiedene Auswirkungen auf das Gesundheitswesen: (Klauber et al. 2022)

- Feststellung der pandemischen Lage/Hohe Befallsrate, schnelle Ausbreitung, hohe Infektiosität
- Veränderte Patientenstruktur: Trend zur Ambulantisierung, Hybrid-DRG, Reduktion elektiver Eingriffe
- Veränderung der Beschaffungs- und Lagerstrukturen hinsichtlich vorhandener Flächen und verfügbarem Material

- Personalmangel und mangelnde Qualifizierung eingesetzter Mitarbeiter in Lagerprozessen

Generell wirken sich Pandemien massiv auf die Gesellschaft aus und entsprechend hat auch die Covid-19-Pandemie eine disruptive Wirkung. Dies stellt eine Verbindung zu der digitalen Transformation von Prozessen dar, da dem Einsatz digitaler Technologien ebenfalls eine solche Auswirkung zugesprochen wird. Des Weiteren hat die pandemische Situation durch die oben genannten Auswirkungen auf das Gesundheitswesen zu einem verstärkten Einsatz digitaler Technologien geführt, um Prozesse zu verbessern, Transparenz zu schaffen und Informationsflüsse zu beschleunigen. Da die Pandemie somit den Einsatz digitaler Technologien fördert, besteht ein direkter Zusammenhang des verstärkten Einsatzes der Technologien im Pandemieverlauf. Gerade im Hinblick auf die Einflüsse der Pandemie auf das Gesundheitswesen und den dort herrschenden Mangel an der Nutzung digitaler Technologien sorgt dafür, dass dieser Bereich einen sprunghaften Wandel erleben wird und die Digitalisierung und in Folge die digitale Transformation von Prozessen, einen massiven Schub erlebt. Aufgrund dieses enormen Potenzials steht dieser Bereich im Fokus der weiteren Betrachtungen.

2.2.1.2 Zeit als essentieller Faktor der Prozessdigitalisierung

Die Digitalisierung von Prozessen hat zum Ziel, Prozesse transparenter und effizienter zu gestalten und mithilfe neu gewonnener Daten neue Möglichkeiten der Prozesssteuerung zu schaffen. Generell werden verschiedene Kriterien zur Bewertung einer Prozessoptimierung herangezogen. Beispiele hierfür sind die Steigerung der Produktivität, Senkung von Produktionskosten, Verbesserung der Qualität, Risikominimierung im Prozess, Minimierung von Ressourceneinsatz und eine Optimierung der Auslastung.

Je mehr Zeit die Durchführung eines Prozesses in Anspruch nimmt, desto höher der Einsatz der Produktionsfaktoren und somit der Prozesskosten. Beispiele für eingesetzte Ressourcen im Zeitverlauf stellen Personal- sowie Lagerkosten dar. Ein Bestandsaufbau führt somit zu einer Verlängerung der jeweiligen Durchlaufzeit und in Folge dessen zu einer Erhöhung der gebundenen Lagerfläche sowie des Personalbedarfes. Hohe Lagerbestände wirken sich auf verschiedene Lagerkennzahlen ebenfalls negativ aus. So werden mit steigendem Bestand Reichweiten erhöht, Lagerumschläge reduziert und die Flächenverfügbarkeit minimiert. Daraus resultiert, dass die Durchlaufzeit einen der entscheidenden Faktoren für die Optimierung von Prozessen darstellt.

Deshalb gilt es, die benötigten Prozesszeiten bei einer Optimierung von Prozessen mithilfe der Digitalisierung in den Fokus zu stellen. Der Einsatz digitaler Technologien ermöglicht die Generierung neuer, valider Daten in Echtzeit und dient der generellen Informationsverfügbarkeit. Dadurch wird Transparenz geschaffen, die eine gezielte Bestandskontrolle, den Überblick über die Warenverfügbarkeit, eine flexible (Ersatz-) Artikelsteuerung und Konsignationsabwicklung ermöglicht.

Da die Zeit einen Schlüsselbaustein zur Optimierung von Prozessen mithilfe digitaler Technologien darstellt, muss dieser Faktor bei einer Visualisierung von Prozessen als essentieller Faktor mitberücksichtigt werden.

2.2.1.3 Vor- und Nachteile bisher verwendeter Methoden und Modellierungssprachen

Es gibt eine Vielzahl an bewährten Methoden zur Optimierung von Prozessen bzw. Modellierungssprachen zur Visualisierung von Prozessen. Wie in Kap. 1 dargestellt, ist der Faktor Zeit bzw. die Durchlaufzeit von Material und Informationen in den Prozessen entscheidend. Um eine geeignete Methode für den digitalen Wandel der Logistikprozesse des Gesundheitswesens zu wählen, müssen verschiedene Aspekte berücksichtigt werden (Hartmann et al. 2018; Gimpel et al. 2021):

- Visualisierung von Prozessen im Zeitverlauf
- Visualisierung der Schnittstellen zwischen Material- und Informationsfluss
- Unterscheidung zwischen manuellen und automatisierten Prozessschritten
- Aufbau von Beständen zwischen einzelnen Prozessschritten
- Einsatz digitaler Technologien
- Darstellung der Informationsübermittlung als Schnittstelle zwischen Informations- und Materialfluss

Basierend auf diesen Aspekten ergeben sich drei essenzielle Anforderungen im Sinne von Design Objectives einer Modellierungssprache, die erfüllt sein müssen: (Peffers et al. 2007)

1. Visualisierung zeitlicher Abhängigkeiten und Verfügbarkeiten in Prozessschritten (Information & Material)
2. Analyse von Informations- und Materialbewegungen im Zeitverlauf
3. Darstellung und Design von Wertströmen unter Berücksichtigung der durchgeführten Analyse

	Kriterien / Methoden	1. Visualisierung zeitlicher Abhängigkeiten	2. Analyse von Informations- & Materialbewegungen	3. Design von optimierten Wertströmen
Informatik	EPK	x		
	UML	x		x
	BPMN	x	(x)	x
Logistik	Sankey		x	x
	Ishikawa		x	
	WSM	(x)	(x)	x

Abb. 2.4 Tabellarische Darstellung der Anforderungsprofile von Methoden und Modellierungssprachen zur Prozessoptimierung. (Eigene Darstellung)

Auf Basis dieser drei Anforderungen wurden verschiedene Methoden und Modellierungssprachen analysiert. Die Ergebnisse sind in Abb. 2.4 dargestellt:

Abb. 2.4 zeigt auf, dass keine der untersuchten Methoden und Modellierungssprachen die gestellten Anforderungen vollständig bzw. in einem ausreichenden Maße erfüllt. Herangezogen wurden für den Vergleich etablierte Methoden, welche in verschiedenen Branchen verbreitet sind. Für die Darstellung des Informationsflusses wurden dafür die ereignisgesteuerte Prozesskette (EPK), UML-Diagramme sowie das Business Process Model and Notation herangezogen. Vor allem das Kriterium der Darstellung von Informations- und Materialbewegungen und deren Abhängigkeiten ist bei diesen Methoden nicht gegeben. Im Bereich der Logistik wurden das Sankey Diagramm, das Ishikawa Diagramm sowie die Wertstrommethode untersucht. Hierbei stellt vor allem die Visualisierung der zeitlichen Abhängigkeiten einen Mangel dar. Dabei unterscheiden sich die Schwerpunkte der Mängel aus dem Bereich Logistik und Informatik. Somit lässt sich der Bedarf an der Entwicklung einer Herangehensweise ableiten, welche die Vorteile aus Modellierungssprachen der Wirtschaftsinformatik wie auch den logistischen Prozessbetrachtungen der Logistik kombiniert. Aus der Tabelle kristallisieren sich dabei aus den beiden genannten Bereichen die Wertstrommethode und die BPMN als diejenigen Ansätze heraus, welche den Ansprüchen zumindest zu weiten Teilen gerecht werden.

In einem nächsten Schritt wurde mithilfe des Design Science Research nach Peffers et. al. eine Kombination der beiden ausgewählten Methoden in Form einer domänenspezifischen Modellierungssprache entwickelt. (Peffers et al. 2007).

2.2.2 Theoretische Funktionsweise

Die VSMN ist eine Kombination aus der Wertstrommethode (WSM) und der Business Process Model and Notation (BPMN). Diese Kombination einer Methode und einer Modellierungssprache hat sich aus den verschiedenen geschilderten Aspekten und Bedürfnissen an die Visualisierungsmethode entwickelt.

Bewährte Strukturen und etablierte Vorgehensweisen garantieren dabei eine einfache Nutzung der Methode und breite Verständlichkeit der Anwendung. Sowohl die Modellierungssprache BPMN als auch die Wertstrommethode WSM können auf eine lange Historie und ein breites Einsatzgebiet zurückblicken, was die Anwendung erleichtert und Grundlage für Akzeptanz daraus abgeleiteter Ergebnisse darstellt. Im Folgenden werden die BPMN und die WSM kurz erläutert.

2.2.2.1 Business Process Model and Notation (BPMN 2.0) und Wertstrommethode (WSM)

Die **BPMN** ist eine Modellierungssprache, die einen Industriestandard für die Modellierung von Geschäftsprozessen darstellt. Dieser wurde von der Object Management Group entworfen und durch die Organisation für Normung (ISO) als internationaler Standard zur Erstellung von Prozessmodellen manifestiert (Allweyer 2015). BPMN dient der Visualisierung von Prozessen und führt dazu, dass alle am Prozess beteiligten Stakeholder ein einheitliches Prozessverständnis gewinnen und somit beurteilen können. In der folgenden Abb. 2.5 wird exemplarisch ein Prozess anhand BPMN dargestellt:

Um dieses Prozessverständnis zu generieren, kommen verschiedene visuelle Elemente zum Einsatz. Diese unterteilen sich in Fluss- und Verbindungsobjekte sowie Teilnehmer und Artefakte. Als Flussobjekte sind Aktivitäten, Gateways und

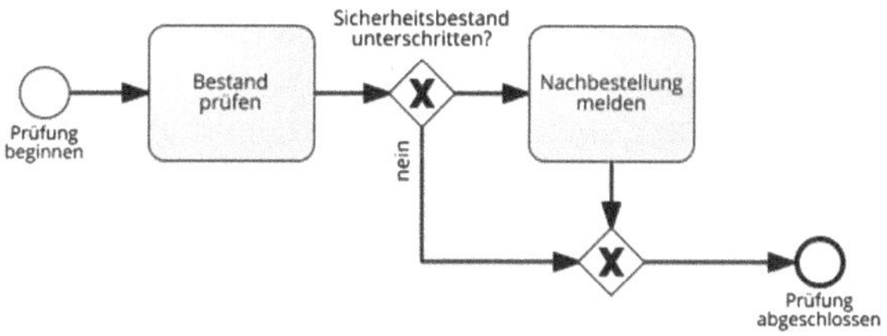

Abb. 2.5 Exemplarische Prozessdarstellung mithilfe BPMN (Gimpel et. al. 2021)

Events definiert, welche mithilfe verschiedener Verbindungsobjekte in Zusammenhang gebracht werden. So entsteht zwischen den Aktivitäten bzw. den prozessauslösenden Gabelungen bzw. Ereignissen ein Fluss in der Prozessdarstellung. Um diese Prozessschritte einzelnen Bereichen zuzuordnen, kommen sog. „swimlanes" mit den Orts- oder Systembezeichnungen zum Einsatz. Im dargestellten Beispiel wird der Prozess einer Bestandsprüfung visualisiert. Zunächst beginnt der Prozess mit dem Event „Prüfung beginnen". Durch ein Flussobjekt ist dieses Event mit der Aktivität „Bestand prüfen" verbunden. Abhängig von dem Ergebnis der Prüfung zweigt sich der Prozess mithilfe eines Gateways in zwei mögliche Varianten. Ist der Sicherheitsbestand unterschritten, so wird die mit Flusselementen verbundene Aktivität „Nachbestellung melden" ausgelöst. Ist der Sicherheitsbestand nicht unterschritten, so endet der Prozess mit dem Event „Prüfung abgeschlossen".

Die **Wertstrommethode** (WSM) dient zur Prozessoptimierung von (Produktions-) Prozessen, die vor allem durch die Ableitung von Optimierungspotenzialen mithilfe einer Visualisierung ermöglicht wird. Es steht der Wert eines erstellten Gutes oder eines Produktes im Mittelpunkt. Dabei wird der Wert nach Wormack und Jones durch den Kunden bzw. der Anspruchsgruppe an eine Dienstleistung oder einen Prozess-Output definiert. (Womack 1990) Somit ist der Prozess, der zur Erstellung des Gutes oder der Dienstleistung führt, ein Wertstrom und somit Kern der langjährig existierenden Methode.

Diese wurde bereits in den 1990er Jahren entwickelt und findet seither verschiedenste Anwendungsgebiete und Entwicklungsstufen (Hartleif et al. 2019; Lindner und Becker 2010). Im Fokus steht dabei die Verschwendung zu eliminieren bzw. weitestgehend zu reduzieren (Wagner und Lindner 2017). Mittlerweile werden ebenso Prozesse betrachtet, die außerhalb der ursprünglich betrachteten Produktionsprozesse liegen, wie beispielsweise Prozesse im Gesundheitswesen. Allerdings weisen diese Prozesse oft Besonderheiten auf, welche Anpassungen der bewährten Methode erfordern.

In Abb. 2.6 ist ein Prozess mittels der WSM dargestellt. Der Prozess beginnt dabei zunächst beim Lieferanten, der die notwendigen Rohstoffe anliefert. Im Anschluss daran folgen die verschiedenen Produktionsschritte, welche mit logistischen Flusselementen verbunden sind. Puffersymbole stellen die Bestände dar, die sich zwischen einzelnen Prozessschritten ansammeln können. Der Informationsfluss ist übergreifend und auf einem abstrakten Niveau festgehalten. Bei der Analyse werden des Weiteren Potenziale in den verschiedenen Prozessen ausgewiesen. In der Wertstrommethode werden verschiedene Zeiten erfasst, wie die Bearbeitungszeiten der einzelnen Produktionsschritte oder Liege- und Transportzeiten. Die Summe dieser Zeiten wird als Durchlaufzeit bezeichnet und stellt die

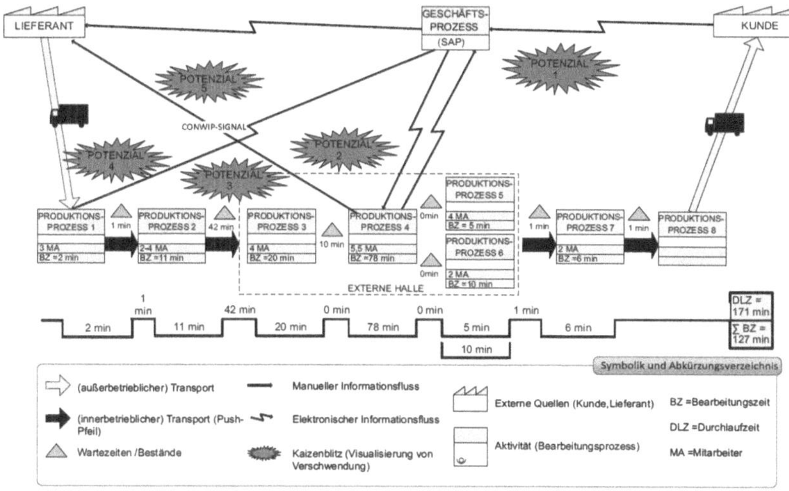

Abb. 2.6 Beispielprozess der Wertstrommethode in produzierenden Unternehmen

Dauer dar, die ein Gut zum Durchlaufen aller relevanten Prozessschritte benötigt. Diese Zeitachse wird unterhalb der Prozessdarstellung abgebildet. Entspricht die Durchlaufzeit der Summe aller Bearbeitungszeiten, so gilt sie als ideal, da keine Zeitverschwendungen in Form von Liege- oder Transportzeiten vorliegen. Um das Verhältnis dieser beiden Zeiten näher zu beleuchten, wird ein Wertstromkoeffizient gebildet. Dieser beschreibt den Anteil der Bearbeitungszeit an der Durchlaufzeit (Lindner und Becker 2010). Somit steht generell eine Verkürzung der Durchlauzeit im Fokus. Die WSM wird in drei Schritten angewendet: Die Analyse der aktuellen Ist-Situation, die Entwicklung eines Idealzustandes und die Ableitung von Handlungsempfehlungen, welche die IST-Situation so nahe wie möglich an den avisierten Soll-Zustand bringen (Bertagnolli 2018).

2.2.2.2 Kombination: Value Stream Model and Notation

Die **VSMN** verbindet die die Modellierungssprache BPMN und die Methode WSM. Dabei ist es notwendig, eine einheitliche Basis in Form einer klar definierten Syntax zur Verwendung der Modellierungssprache zu definieren. Dies ist darin begründet, dass eine Modellierungssprache und eine Methode zur Visualisierung aus zwei historisch unterschiedlichen Bereichen stammen und somit eine Basis für die neu gestalteten Konstrukte geschaffen werden muss. Dies garantiert eine einfache Umsetzung unter klaren Regelungen zur Anwendung.

Für die Definition der Zusammenhänge der beinhalteten Konstrukte dient die abstrakte Syntax. Diese allgemeinen Grundpfeiler dienen, wie die Grammatik einer Sprache, als Grundregelungen zur Anwendung der VSMN. Hierbei werden die generellen Zusammenhänge zwischen den Bestandteilen der Modellierungssprache dargestellt.

Darin enthalten sind vier Kernelemente zur Anwendung der VSMN:

1. **Wertstrom**
   Der Wertstrom beginnt in der originären Quelle eines Herstellungs- bzw. Dienstleistungsprozesses. Darin enthalten sind die mithilfe von verschiedenen Material- bzw. Informationsflüssen verbundenen Prozessschritte.
2. **Prozessschritt**
   In einem Prozessschritt finden verschiedene Aktivitäten statt, die entweder den Input hin zum gewünschten Output transformieren oder für die gewünschte Dienstleistungserbringung unabdingbar sind.
3. **Material- bzw. Informationsfluss**
   Der Material- bzw. Informationsfluss verbindet zwei Prozessschritte miteinander und ist zwingend erforderlich, um den darauffolgenden Prozessschritt ausführen zu können. Dabei können die beschriebenen Flüsse als physische Objekte, analoge oder digitale Daten vorliegen. Im Materialfluss ist unter anderem die Ausgestaltung des Transportes zu berücksichtigen, welcher im Hinblick auf die logistische Definition als pull- oder push-System erfolgen kann.
4. **Digitale Technologien**
   Digitale Technologien dienen in diesem Zusammenhang der Unterstützung der Prozessausführung bzw. zur Beschleunigung der Material- bzw. Informationsflüsse. Diese sind der VSMN essenziell, da es eine Analysemethode zur Ermittlung des Digitalisierungsbedarfes des betrachteten Prozesses darstellt.

Die abstrakte Syntax stellt das Grundgerüst dar, auf welchem die konkrete Syntax aufbaut. Angelehnt an BPMN und WSM bedient sich die VSMN den originären Notationselementen, weshalb die Darstellung der bekannten Wertströme ähnelt. Dabei sind die Notationselemente zwischen den drei Kernelementen „Prozessschritt", „Material- & Informationsfluss" sowie „digitale Technologien" zu unterscheiden (Abb. 2.7).

Folgende Symbole der VSMN sind dem Kernelement „Prozessschritt" zugeordnet:

Prozesse und Aktivitäten beinhalten die jeweilige Benennung sowie die verschiedenen Prozessparameter – wie beispielsweise Zykluszeit, ausführender

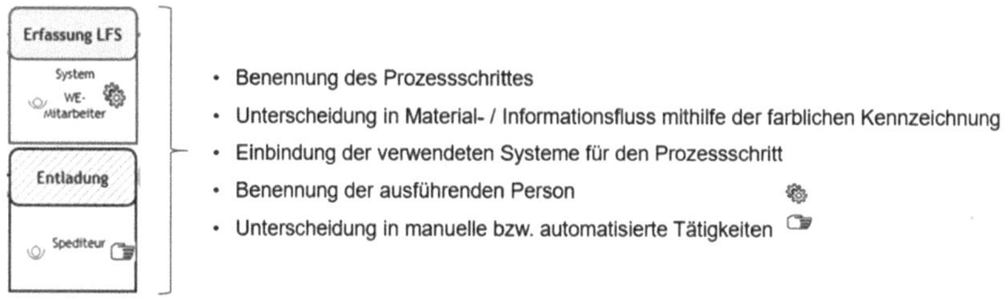

Abb. 2.7 Konkrete Syntax des Kernelements „Prozessschritt"

Element	Symbol	Beschreibung
Materialfluss (push)		- Materialfluss zwischen zwei Prozessschritten - Transfer von Material durch Schubbewegung
Materialfluss (pull)		- Materialfluss zwischen zwei Prozessschritten (rechtes Symbol) - Lager (Supermarkt) mit einem definierten Bestand an Produkten, der nachfolgende P/A holt das Material bei Bedarf ab (linkes Symbol) - Transfer von Material durch Zugbewegung
Informationsfluss		- Informationsfluss zwischen zwei Prozessschritten (oberes Symbol) - Übertragung von Informationen zwischen dem Material- und Informationsfluss (unteres Symbol)
Daten	DIGITAL ANALOG *[Text]*	- Datenobjekt, digital, z. B. Auftragsdaten aus dem Warenwirtschaftssystem (ERP) (oberes Symbol) - Datenobjekt, analog, z. B. Lieferschein auf Papier (unteres Symbol) - Eine kurze Beschreibung der Daten
Puffer	I	- Material- oder Informationsbestand zwischen zwei Prozessschritten
Liegephase		- Visuelle Ergänzung zur Darstellung der zeitlichen Ausdehnung, während das Material oder die Information in einem Puffer verbleibt und auf Prozessschritte im jeweils anderen Fluss (Information oder Material) wartet
Ressource	(Beispiel)	- Ressourcen sind Werkzeuge oder Hilfsmittel, die im Materialfluss eingesetzt werden.

Abb. 2.8 Symbole der VSMN. (Eigene Darstellung in Anlehnung an (Gimpel et al. 2021))

Mitarbeiter oder die Unterscheidung in manuelle oder automatisierte Durchführung. Eine weitere Differenzierung findet hinsichtlich der Unterscheidung zwischen Prozessschritten im Material- bzw. Informationsfluss statt, ebenso wie die Zuordnung eines Ortes bzw. Standortes innerhalb des Unternehmens, in dem der jeweilige Prozessschritt durchgeführt wird. Anfang und Ende des Wertstroms werden jeweils von der Quelle bzw. Senke gekennzeichnet.

Folgende Symbole der VSMN sind dem Kernelement „Material- & Informationsfluss“ zugeordnet (Abb. 2.8):

Diese Symbole werden verwendet, um die Flüsse zwischen den Prozessschritten darzustellen. Hierbei wird im Materialfluss zwischen Transporten mit der Pull- und Push-Systematik unterschieden. Im Informationsfluss wird neben der Übertragung zwischen Prozessen innerhalb des Informationsflusses sowie an der Schnittstelle zwischen Informations- und Materialfluss differenziert. Ebenso werden Daten in analoger bzw. digitaler Form unterschieden. Pufferbestände können sowohl in Form von Daten als auch physisch vorhandenen Beständen auftreten. Die Liegephase ist ein in der VSMN neu entwickeltes Symbol, was die zeitliche Ausdehnung beschreibt, in der der Materialfluss abhängig von einer noch ausstehenden Information ist. Ressourcen werden in verschiedenster Form angegeben, wobei in oben aufgeführter Tabelle der LKW als ein Beispiel dient.

Die Achse unterhalb der Prozessvisualisierung dient der Darstellung der verschieden benötigten Zeiten der einzelnen Wertstromelemente (Abb. 2.9):

Hierbei wird zwischen den benötigten Zeiten des Material- sowie des Informationsflusses unterschieden. Somit ist eine klare Messbarkeit der Durchlaufzeiten in den einzelnen Bereichen sowie für den gesamten Prozess gewährleistet. Durchlaufzeitverkürzungen als klarer Indikator für eine Prozessoptimierung sind somit als Kennzahl implementierbar. Der Einsatz der VSMN wird im folgenden Kapitel am Beispiel des Konsignationsprozesses in einem Krankenhaus beschrieben und die Anwendung im Detail aufgezeigt.

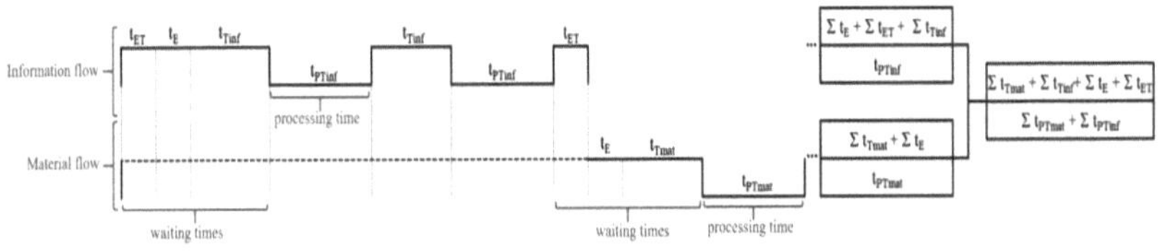

Abb. 2.9 Zeitschiene zur Visualisierung der Durchlaufzeit der VSMN. (Eigene Darstellung)

2.2.3 Praxisbeispiel: Prozess der Konsignationsware im Krankenhaus

Die VSMN eignet sich, um ganzheitlich Prozesse in verschiedenen Bereichen zu analysieren. Um die Theorie in gelebte Praxis zu bringen, wird im Folgenden der Prozess der Konsignationsware in einem Krankenhaus mithilfe der VSMN analysiert. Bei Konsignationsware handelt es sich um Güter, welche im Krankenhaus gelagert werden, sich aber bis zu deren Verbrauch im Eigentum des Lieferanten befinden. Der Eigentumsübergang findet somit erst bei Entnahme der Ware aus dem Lagerort durch das Personal des Krankenhauses statt. (Thaler 2007).

Aus Sicht der Warenempfänger wird eine Konsignationsabwicklung vor allem bei hochpreisigen Waren angestrebt, um die Kapitalbindung zu reduzieren und Investitionsrisiken zu minimieren. Risiken in der Handhabung und Lagerung teurer Produkte mit schwankenden Bedarfen werden somit zum Lieferanten hin verschoben. Für den Lieferanten verringern sich für Konsignationswaren die Lagerhaltungskosten. Ebenso werden Kunden bei einer Abwicklung definierter Waren an den Lieferanten gebunden. (Redaktion Wirtschaftswissenschaften 2019).

Im Folgenden wird auf die Spezifika der Konsignationsware und deren Abwicklung im Krankenhausumfeld eingegangen. Durch die Abwicklung meist hochpreisiger Waren ist eine saubere Prozessabwicklung und Transparenz in den durchgeführten Schritten essenziell. Deshalb eignet dieser Prozess sich für die Analyse und Optimierung anhand der VSMN um mögliche Einsatzgebiete digitaler Technologien zur Effizienzsteigerung zu identifizieren.

2.2.3.1 Konsignationsware im Krankenhaus

Im Krankenhaus werden Konsignationslager bei verschiedenen Warengruppen eingesetzt. Es handelt es sich dabei meist um hochpreisige Artikel wie beispielsweise Implantate aller Art. Bei Implantaten besteht zusätzlich die Dokumentationspflicht der verwendeten sog. Lot.-Nr.. Diese Nummer dient der eindeutigen Identifikation des Implantates. Durch die Medizinprodukteverordnung muss zusätzlich die Rückverfolgbarkeit dieser Nummern über die komplette Wertschöpfungskette bei hohen Risikoklassen – somit den Implantaten – gewährleistet werden. Somit besteht die Pflicht, bei der Wareneingangsbuchung die Lot.-Nr. des verwendeten Artikels mit zu dokumentieren. Im Sinne eines Konsignationslagers erfolgt diese systemrelevante Wareneingangsbuchung im Zeitraum nach der Entnahme des Artikels. Um diesen Prozess zu vereinfachen, werden diese notwendigen Daten in den Barcodes der Implantate hinterlegt. Im folgenden wird der Prozess mithilfe der VSMN analysiert.

2.2.3.2 Analyse des Prozesses mithilfe der VSMN

Um einen geeigneten Prozess bei einer Produktvariabilität für die Betrachtung anhand der VSMN auszuwählen, wird – orientiert an der WSM – im Regelfall eine Selektion einer Produktfamilie durchgeführt. Dieser Schritt entfällt, da anhand des ausgewählten Prozesses der Konsignationsware bereits eine Produktfamilie mit gleichen Prozessschritten ausgewählt wurde. Allerdings werden Konsignationslager in verschiedenen Bereichen eingesetzt. In diesem Beispiel liegt das Konsignationslager direkt im OP am Ort des Verbrauches.

Da der Eigentumsübergang der Implantate erst bei der Entnahme der Artikel aus dem Lager stattfindet, beginnt der Prozess bei der Entnahme der Artikel aus dem Lager im OP-Bereich. Im Anschluss daran wird das Material implantiert und es erfolgt die Patientendokumentation mit anschließender Verbrauchsdokumentation des Implantates. Diese Verbrauchsmeldung löst den Prozess der Nachlieferung des Artikels beim Lieferanten aus. Sobald die Ware im OP-Bereich angeliefert wurde, erfolgt die Buchung des bereits vorgelagert verbrauchten Artikels sowie die Einlagerung der neuen Ware. Zur einfacheren Erläuterung des Prozesses wird eine exemplarische Lot.-Nr. 1 bzw. Lot.-Nr. 2 verwendet. Diese Prozessschritte werden im Folgenden im Detail anhand der Darstellung in Abb. 2.10 erläutert.

Entnahme

Zur Vorbereitung der Operation wird eine Stückliste die für den geplanten Eingriff notwendigen Implantate aus dem Konsignationslager bereitgestellt. Dies stellt das initiale Ereignis für den Beginn des betrachteten Prozesses dar. Somit beginnt der erste aktive Prozessschritt der Konsignationsware in einem Krankenhaus mit der Entnahme des Implantates mit der Lot.-Nr. 1 aus dem Konsignationslager im

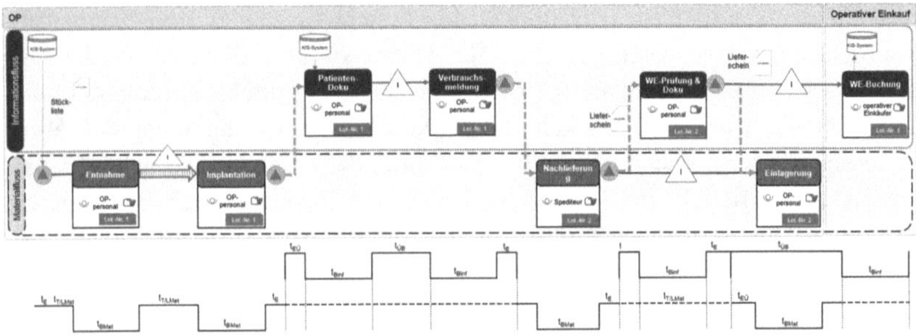

Abb. 2.10 VSMN des Konsignationslagers. (Eigene Darstellung)

OP. Der Eigentumsübergang der Ware findet in diesem Augenblick statt. Die Ausführung dieses Prozessschrittes wird vom OP-Personal übernommen, welches die vorbereitenden Maßnahmen für die Operation durchführt.

Implantation

Während der OP wird final entschieden, ob das bereitgestellte Implantat für den Patienten geeignet und verwendet wird. Im betrachteten Fall wird das Material implantiert und gilt somit als verbraucht. Dieser Prozess erfolgt manuell durch das OP-Personal. Die Nutzung stellt ein Ereignis dar, welches die Folgeprozesse anstößt und die Patientendokumentation sowie die Verbrauchsmeldung nach sich zieht.

Patientendokumentation

Rechtlich bindend ist nach der Implantation des Materials die Patientendokumentation. Das implantierte Produkt ist mit der verwendeten Lot.-Nr. 1 in der Patientendokumentation zu hinterlegen. Mittlerweile sind dafür Barcodes mit den relevanten Daten auf den Produktverpackungen angebracht, die als Aufkleber in die OP-Dokumentationsbücher geklebt werden können. Im Anschluss daran werden die notwendigen Daten im System manuell übertragen. Dieser Vorgang wird vom OP-Personal im Anschluss an die Operation übernommen und stellt eine manuelle Tätigkeit dar.

Verbrauchsmeldung

Im Anschluss an die Patientendokumentation erfolgt die für den Materialfluss relevante Verbrauchsmeldung des Implantates mit der Lot.-Nr. 1. Die Verbrauchsmeldung wird im KIS-System des Krankenhauses hinterlegt. Sobald diese im System gespeichert ist, wird diese durch das System automatisiert an den Lieferanten übertragen und löst somit die Auffüllung des Konsignationslagers durch den Lieferanten aus. Systemseitig stellt das eine Bestellung des Artikels dar, damit eine Verknüpfung zur Rechnung gewährleistet werden kann. In seltenen Fällen – bei Artikelwechsel oder speziellen Sonderartikeln – entfällt die Nachbestellung in diesem Schritt. In der Betrachtung des aktuellen Prozesses erfolgt eine Nachlieferung des Artikels. Die Verbrauchsmeldung stellt somit ein Ereignis dar, welches die nachfolgenden Prozesse auslöst. Nicht zentral in der VSMN betrachtet ist der Rechnungsprozess. Die Rechnungsstellung des verbrauchten Artikels wird ebenfalls von der Verbrauchsmeldung ausgelöst.

Nachlieferung

In vielen Krankenhäusern erfolgt die Nachlieferung der Konsignationsware direkt im OP. Im betrachteten Prozess wird das Implantat mit der Lot.-Nr. 2 durch einen

Spediteur im OP-Bereich angeliefert. Der Lieferschein wird vom OP-Personal entgegen genommen. Diese Nachlieferung ist das notwendige Ereignis für die nachgelagerten Prozesse der WE-Prüfung und internen Dokumentation.

WE-Prüfung & interne Dokumentation

Das Personal nimmt den Lieferschein sowie das gelieferte Implantat entgegen. Da das Eigentum beim Lieferanten ist, erfolgt an dieser Stelle keine Wareneingangsbuchung der Lot.-Nr. 2. Um dennoch in dem Prozess eine Transparenz über Bestände zu gewährleisten, erfolgt eine Dokumentation auf manuell geführten Listen im OP-Bereich. Im Anschluss daran wird der Lieferschein als Information an den operativen Einkauf via Umlaufpost gesendet.

Einlagerung

Nach abgeschlossener, bereichsinterner Dokumentation und Prüfung des Artikels erfolgt die Einlagerung an den Konsignationslagerplatz. Diese Einlagerung erfolgt mithilfe von Erfahrungswerten des Personals.

WE-Buchung

Sobald der Lieferschein im operativen Einkauf angekommen ist, erfolgt der Schritt der Wareneingangsbuchung. Besonders dabei ist, dass die Buchung des verbrauchten Implantates mit der Lot.-Nr. 1 mit dem Lieferschein der Lot.-Nr. 2 erfolgt. Somit stellt die Nachlieferung des Artikels das Signal für die WE-Buchung des bereits implantierten Materials dar. Somit wird an dieser Stelle der Eigentumsübergang im Materialwirtschaftssystem des Krankenhauses final erfasst.

Potenziale des IST-Prozesses

Der dargestellte Prozess weist an vielen Stellen ein hohes Optimierungspotenzial auf. In der folgenden Tab. 2.1 sind je Prozessschritt bzw. dazwischenliegendem Materialtransport die Optimierungspotenziale aufgelistet.

Wie in Tab. 2.1 dargestellt, erfolgt die Bedarfsübermittlung anhand einer papierbasierten Stückliste. Auf dieser Stückliste sind die Lagerplätze nicht hinterlegt, sodass der Zeitraum der Entnahme von der Erfahrung des Personals abhängt. Ebenso wird die Entnahme aus dem Konsignationslager im OP-Bereich nicht systemseitig erfasst. Somit ist die Zeitspanne der eigentlichen Entnahme bis zur Übermittlung der Verbrauchsmeldung an den Lieferanten sehr hoch.

Durch die manuelle Erfassung der Verbräuche ist der Prozess der Implantation ebenso fehleranfällig, da das Verbringen nicht verbrauchter Materialien von der Zuverlässigkeit der Mitarbeiter abhängig ist und keine systemseitige Unterstützung erfolgt. Durch die fehlende systemseitige Erfassung sind Bestände nicht transparent

Tab. 2.1 Potenziale im Konsignationslager

Entnahme	• Stückliste in Papierform • Entnahmedokumentation manuell auf Papier
Implantation	• Unklare Prozesse mit Umgang nicht implantierter Materialien
Patientendokumentation	• Manuelle Erfassung der Informationen • Keine Nutzung vorhandener Barcodes
Verbrauchsmeldung	• Keine parallele Ausführung mit der Patientendokumentation
Nachlieferung	• Keine systemseitige Erfassung der Implantate • Keine digitale Verfügbarkeit von Lieferscheinen
WE-Prüfung & Dokumentation	• Manuelle Prüfung der Lieferscheine
Einlagerung	• Einlagerung aufgrund von Erfahrungswerten
WE-Buchung	• Mischen der Lot.-Nr. Kreisläufe; Buchung mit anderem Lieferschein
Transporte	• Informationsstau zwischen Patientendokumentation und Verbrauchsmeldung • Transport der Lieferscheine in Papierform

und nicht in Echtzeit für Lieferanten oder Personal aus dem Krankenhaus (operativer Einkauf, Pflegepersonal) einsehbar. Die bisherige Transparenz besteht darin, manuell mithilfe von Listen die Bestände zu dokumentieren. Diese Listenführung ist fehleranfällig und zeitaufwendig.

Die Patientendokumentation läuft separat von den Materialbeschaffungsprozessen unter Verwendung der ebenso für die Verbrauchsdokumentation notwendigen Informationen. Somit werden die gleichen Daten für separate Prozessschritte mehrfach verwendet und zeitlich aufeinander folgende Prozesse dehnen die Durchlaufzeit weiter aus. Vorhandene Barcodes werden nicht für eine systemseitige Erfassung herangezogen.

Die Nachlieferung des Implantates wird nicht systemseitig erfasst, da der Eigentumsübergang erst bei Entnahme stattfindet. Somit liegt keine Information darüber vor, welche Artikel sich gerade im Konsignationslager befinden. Da es sich im OP-Bereich um teils lebensnotwendige Materialien handelt, findet eine parallele, manuelle und aufwendige Dokumentation mithilfe verschiedener Listen statt.

Der Lieferschein des neu gelieferten Implantates liegt in Papierform vor und wird via Hauspost zum operativen Einkauf übertragen. Diese Informationsübermittlung ist zeitaufwendig und fehleranfällig. Bei der Wareneingangsbuchung im operativen Einkauf wird der Lieferschien des neu gelieferten Implantates mit der Lot.-Nr. 2

für die bestandsrelevante Buchung des verbrauchten Implantates mit der Lot.-Nr. 1 verwendet. Somit findet keine saubere Abbildung der Warenprozesse „Bestellung – Lieferung – Rechnungsstellung" gewährleistet.

Bei der Nachlieferung löst der Lieferschein des Implantates mit der Lot-Nr. 2 die systemrelevante Wareneingangsbuchung aus. Somit wird der Lieferschein für Lot-Nr. 2 für die Einbuchung der Lot.-Nr. 1 verwendet. Es findet keine saubere Abbildung der Warenprozesse im Sinne einer eindeutigen Zuordnung von Bestellung – Lieferschein – Rechnung statt. Verzögert sich die Nachlieferung, kann durch diese Struktur die Rechnung des verbrauchten Implantates mit der Lot.-Nr. 1 nicht erfolgen. Nachgelagert besteht das Risiko von Skontoverlusten und Klärfällen in der Finanzbuchhaltung.

Allgemeine Potenziale

Neben den Potenzialen bei den expliziten Prozessschritten bzw. den dazwischen gelagerten Transporten sind ebenso weitere Punkte vorhanden, die als allgemeine Potenziale geschildert werden können.

Ein Punkt ist dabei die Inventun: Die Verwaltung des Konsignationslagers obliegt dem Lieferanten, darunter fallen ebenso alle Prozesse der Inventur. Werden durch den Lieferanten Inventurdifferenzen bemerkt, hat das Krankenhaus durch die mangelnde Bestandstransparenz keine Möglichkeit diese Inventurdifferenzen auf Stichhaltigkeit zu prüfen. Somit können mögliche Fehler der Lieferanten bei der Konsignationsabwicklung nicht identifiziert werden und die Ware muss bezahlt werden.

2.2.3.3 Analyse als Basis für weiterführende Schritte

Mithilfe der Analyse werden die Potenziale offengelegt, die der bestehende Prozess aufweist. Jetzt gilt es – analog bei der WSM – einen Soll-Zustand zu entwickeln. Hierbei wird ein Idealbild geschaffen, dem es möglichst Nahe zu kommen gilt. Somit beinhaltet ein möglicher **Soll-Zustand** im Sinne des Konsignationslagers folgende Aspekte:

- Prüfung der Lagerwürdigkeit
  Die Kriterien für die Lagerwürdigkeit von Artikeln im Konsignationslager sind fest definiert. Allerdings fehlt es nach der einmaligen Bewertung oft an dem rollierenden Prozess, der eine Prüfung der Gegebenheiten und Rahmenbedingungen rollierend analysiert. Somit ist der erste Schritt für die Planung eines Konsignationslagers die Prüfung der betroffenen Artikel.

- Bestandsführung
  Artikel in einem Konsignationslager sind ebenfalls mit einem Bestand zu führen. Zu berücksichtigen ist dabei, dass diese Bestände lediglich Schattenbestände sind. Der Eigentumsübergang findet nach wie vor mit der Entnahme statt. Die Bestandsführung bringt die Transparenz mit sich, die es für die Prozesssteuerung benötigt. Ebenso ermöglicht diese Bestandsführung eine Prüfungsmöglichkeit der anstehenden Inventuren durch den Lieferanten am Konsignationslager.
- Prozessbeschleunigung & Qualität
  Durch den Einsatz von digitalen Technologien in der Lagerhaltung (RFID, Barcodes, Nutzung der Herstellerbarcodes) ist eine Ortung der Artikel in Echtzeit im Prozess möglich. Somit ist die Ware bis zum eigentlichen Verbrauch am Patienten dokumentierbar. Nicht benötigte Ware kann außerhalb des Konsignationslagers erfasst werden. Somit ist die saubere Lot-Nr.-Verfolgung gewährleistet.

Dies sind einige Aspekte, die bei einer generellen Neuplanung von Konsignationslagern berücksichtigt werden müssen. Basierend auf der Analyse gilt es im nächsten Schritt, die aktuellen Gegebenheiten möglichst nahe an den Idealzustand zu bringen. Um dem gewünschten Soll-Zustand möglichst nahe zu kommen, können verschiedene Handlungsempfehlungen abgeleitet werden. Diese werden in kurz- bzw. mittelfristige und langfristige Maßnahmen unterteilt.

Beispiel für kurzfristige Handlungsempfehlungen
In einem ersten Schritt gilt es, ohne bestehendes oder erweitertes Materialwirtschaftssystem eine Möglichkeit für die Dokumentation der Lagerbestände zu schaffen. Dies kann mithilfe der Lieferscheine oder bestehender manueller Strukturen geschehen. Handlungsanweisungen mit dem Umgang von Konsignationsware schaffen Prozessverständnis und geben Hinweise zum Umgang mit entstehenden Problemen. Beispielsweise können Wertgrenzen definiert werden, ab welchem Betrag Rechnungsklärfälle korrigiert bzw. an welchen Personenkreis diese gemeldet werden müssen.

Beispiel für langfristige Handlungsempfehlungen
Langfristig sind alle Schritte zu durchlaufen, welche dem Soll-Zustand nahezu entsprechen. Die Kernanforderung in diesem betrachteten Prozess ist dabei die durchgängige Softwareunterstützung im Prozess, um alle Prozessschritte digitalisiert durchführen zu können und einen vollständig transparenten Prozess zu generieren. Diese Projekte benötigen ein klares Projektmanagement und langfristige

Planung. Hierbei ist die VSMN als Planungshilfsmittel für die Prozessvisualisierung einzusetzen.

2.2.4 Ausblick und weitere Entwicklungsstufen

In der Prozessbetrachtung mithilfe der VSMN konnten anhand des Praxisbeispiels der Konsignationsware im Krankenhaus die Potenziale an den Schnittstellen zwischen Material- und Informationsfluss aufgezeigt werden. Die ermittelten Optimierungspotenziale stellen klar heraus, dass der Einsatz digitaler Technologien die Durchlaufzeit reduzieren kann. Gleichzeitig wird eine Transparenz über die Prozesse geschaffen, welche eine Prozesssicherheit herstellt.

Ein essentieller Bestandteil zur Optimierung ist dabei die Reduktion der Bestände. Daraus resultierend erfolgt eine Reduktion der zum Prozess notwendigen Flächen. Im Hinblick auf weitere Entwicklungsstufen der VSMN bedeutet dies, die Flächen und deren Nutzung in den Fokus zu rücken. Wie in Abschn. 2.1 aufgezeigt, bietet die VAHM vielversprechende Ansätze zu diesem Punkt. Somit ist denkbar, die beiden entwickelten Methoden der VSMN und der VAHM zu kombinieren und Flächennutzungspotenziale nach optimiertem Prozessablauf und Implementierung digitaler Technologien in den Fokus zu rücken.

Auch in Kombination mit weiteren Analysemethoden ist es dennoch erforderlich, die Verwendung der VSMN in anderen Bereichen des Gesundheitswesens und darüber hinaus zu testen und die Weiterentwicklung voranzutreiben. Durch die Kombination bewährter Methoden verspricht die VSMN eine einfache und unkomplizierte Anwendung durch bereits bekannte und etablierte Elemente.

2.3 Process Mining

Laura Marcus

2.3.1 Vorüberlegungen: Bedeutung des Process Minings

2.3.1.1 Vorüberlegungen

Digitalisierung und Geschäftsprozessmanagement sind eng verzahnt. In nahezu jedem Digitalisierungsprojekt werden bereits bestehende Prozesse verändert und verbessert oder neue Prozesse etabliert. In vielen Fällen ist dabei das Ziel, die

Prozesse teilweise oder vollständig zu automatisieren. So ist fast jedes Digitalisierungsprojekt auch gleichzeitig ein Projekt zur Verbesserung oder Implementierung von Prozessen. Das Prozessmanagement spielt dabei eine treibende und vorgelagerte Rolle für die Digitalisierung. Folglich ist die Voraussetzung für eine erfolgreiche digitale Transformation, Transparenz über bestehende Prozesse sowie darauf aufbauend eine kontinuierliche Optimierung der Prozesse. Doch wie bekommen Unternehmen Transparenz über ihre Prozesse?

Das klassische Geschäftsprozessmanagement (GPM), auch unter dem englischen Begriff Business Process Management (BPM) bekannt, hat sich hier in den vergangenen Jahren stark weiterentwickelt. Wo früher der Fokus auf klassischen Effizienzsteigerungen lag, wird inzwischen ein „beidhändiges Prozessmanagement" gefordert, welches einerseits die Verbesserung interner Prozesse unterstützt, gleichzeitig aber auch Treiber für digitale Innovationen ist. Im Fokus steht dabei der Einsatz digitaler Technologien, wie Robotic Process Automation (RPA), Low Code und insbesondere Process Mining (Allweyer 2020).

Process Mining ist eine noch junge, aber gleichzeitig sehr innovative Technologie, die Unternehmen bei der Erfassung, Optimierung und Digitalisierung ihrer Prozesse unterstützt. Auf Basis der in IT-Systemen gespeicherten Prozessdaten werden die tatsächlichen Abläufe und Ereignisse und insbesondere deren Komplexität einfach, schnell und transparent dargestellt. Dadurch liefert die Technologie einen umfassenden und ganzheitlichen Einblick in die bestehenden Prozesse eines Unternehmens und deckt Ineffizienzen, Engpässe und unnötige Komplexität auf. Wie ein Röntgengerät erfasst Process Mining den tatsächlichen Zustand und liefert damit die Basis für eine erfolgreiche Prozessverbesserung und damit auch die Grundlage für eine erfolgreiche digitale Transformation.

Process Mining ermöglicht die Realisierung einer Vielzahl ökonomischer Vorteile, wie beispielsweise eine erhöhte Kundenzufriedenheit oder Kostenreduzierungen (Grisold et al. 2021). Entsprechend groß ist das Interesse von Unternehmen, von diesen Vorteilen zu profitieren: In einer Studie von Deloitte aus dem Jahr 2021 gaben 95 % der befragten Unternehmen an, Process Mining entweder bereits zu implementieren oder entsprechende Pilotprojekte geplant zu haben (van der Aalst und Carmona 2022). Gleichzeitig hat sich auch der Markt für Process Mining Anbieter über die letzten Jahre rasant entwickelt und die Vielzahl an Startups, die in diesem Umfeld gegründet wurden, haben die Technologieanwendung zunehmend nutzerfreundlicher und damit noch attraktiver gemacht. Inzwischen gibt es über 35 kommerzielle Anbieter für Process-Mining-Software und deutlich über 1000 Unternehmen weltweit, die diese Technologie im Einsatz haben. Laut Gartner umfasste der Umsatz mit Process Mining

2022 bereits mehr als 1 Mrd. $ mit einem prognostizierten jährlichen Wachstum von 40–50 % bis 2025. Darin sind damit verbundene Beratungs- und Implementierungsleistungen noch nicht berücksichtigt (Kerremans et al. 2021).

2.3.1.2 Process Mining Grundlagen

Das Ziel von Process Mining ist es, die tatsächlichen Prozesse in einem Unternehmen zu erfassen, zu visualisieren und auf Basis der dadurch entstehenden Transparenz, Ineffizienzen zu erkennen und zu beseitigen. Der entscheidende Unterschied zwischen Process Mining und herkömmlicher Prozessmodellierung ist, dass Process Mining auf den tatsächlichen Prozessdaten aufsetzt, die in den IT-Systemen in Form von Ereignisprotokollen laufend gespeichert werden. Dadurch wird ein Prozess exakt so dargestellt, wie er wirklich stattgefunden hat, mit allen Varianten und Komplexitäten. Im Gegensatz dazu beruhen klassische Prozessmodellierungen entweder auf einem Soll-Prozessmodell, oder auf dem Input von Prozessverantwortlichen, deren Angaben zu Varianten, Häufigkeiten und Komplexitäten aber oftmals auf deren subjektivem Empfinden beruhen und entsprechend von der Realität abweichen können.

Wie der Name Process Mining bereits suggeriert, positioniert sich die Technologie an der Schnittstelle zwischen Prozessmanagement (Process Science) und Datenwissenschaften (Data Science/Data Mining). Prozessmanagement auf der einen Seite ist eine Management-Disziplin, die sich mit der Definition, Erfassung, Modellierung, Ausführung, Steuerung, Überwachung, Verbesserung und Innovation von Prozessen beschäftigt (Dumas et al. 2013). Data Science auf der anderen Seite ist ein multidisziplinärer Ansatz mit dem Ziel, Erkenntnisse aus den immer größer werdenden Datenmengen (insbesondere in Unternehmen) zu sammeln. Data Science umfasst dabei sowohl die Aufbereitung der Daten als auch die anschließende Analyse, mit dem Ziel Muster zu erkennen und Schlüsse zu ziehen.

Sehr häufig starten Unternehmen ihre ersten Process-Mining-Gehversuche mit klassischen Einkaufs- und Accounting-Prozessen (z. B. Purchase-to-Pay, Order-to-Cash, Accounts Payable, Accounts Receivable) für die es bereits viele Dokumentationen und Best Practices gibt. In einem ersten Schritt wird Process Mining meist zur **Process Discovery (Prozessvisualisierung)** genutzt. Diese umfasst die Darstellung der tatsächlichen Prozesse in einem Ist-Prozessmodell, basierend auf den gespeicherten Daten. Darüber hinaus eignet sich Process Mining für das sogenannte **Conformance Checking (Konformitätsanalyse),** sprich den Vergleich des tatsächlichen Prozesses (Ist-Prozess) mit dem Idealprozess bzw. vorgegebenen Prozess (Soll-Prozess). Mit dieser Art der Analyse wird geprüft, inwieweit der Prozess in der Realität von dem dazugehörigen Soll-Prozessmodell abweicht. Der dritte Anwendungsbereich von Process Mining ist das **Process Enhancement (Prozessverbesserung).** Analog zur Konformitätsanalyse, baut auch dieser Schritt auf der Process Discovery auf. Ziel hierbei ist es, die bei der Prozessanalyse identifizierten Schwachstellen und Ineffizienten zu beheben, indem beispielsweise unnötige oder unerwünschte Prozessvarianten eliminiert werden.

Process Mining ist grundsätzlich für jeden Prozess in jeder Branche angewendet anwendbar, solange mindestens die relevanten Prozessdaten (Zeitstempel, Tätigkeitsbeschreibung, eindeutige Identifikationsnummer) digital erfasst und aus den innerbetrieblichen IT-Systemen abgerufen werden können. Dies geschieht über sogenannte „digitale Fußspuren". Diese entstehen, sobald in einem Unternehmen mit der Unterstützung von IT-Systemen Aktivitäten ausgeführt werden (z. B. ein Mitarbeiter legt eine neue Bestellung im System an). Konkret umfassen diese Fußspuren Informationen, wie „Was wurde gemacht" (z. B. neue Bestellung angelegt), „Wann wurde es gemacht" (z. B. Dienstag, 14.03.2022 um 11:12 Uhr), „Von wem wurde es gemacht" (Mitarbeiter A) und „Was ist die eindeutige Vorgangsnummer" (Bestellungsnummer 12.345). Diese Informationen werden von den IT-Systemen erfasst und in Datenbanken gespeichert. Mithilfe verschiedener Techniken können diese anschließend aus den IT-Systemen extrahiert und in einen sogenannten Event Log (Aktivitätentabelle) überführt werden. Das Ergebnis ist analog zu einer einfachen Excel-Tabelle, die für jede durchgeführte Tätigkeit eine Zeile mit verschiedenen Informationen enthält (Tab. 2.2).

Auf Basis dieser Aktivitätstabelle, und somit den echten Prozessaufzeichnungen, kann die Software ein Ist-Modell des zugrunde liegenden Prozesses erstellen. Dazu werden die einzelnen Rechnungsprozesse aus der Aktivitätstabelle anhand ihrer jeweiligen Identifikationsnummer separiert. Die Rechnung R456 durchläuft beispielsweise die Schritte „Rechnung erstellt", „Rechnung versendet" und „Zahlungseingang". Im Gegensatz dazu umfasst Rechnung R789 neben den identischen Schritten „Rechnung erstellt" und „Rechnung versendet" eine andere Aktivität mit der Bezeichnung „Rechnung storniert". Wenn man genauer hinsieht, fällt auf, dass alle drei Rechnungsprozesse mit „Rechnung erstellt" beginnen, dann aber verschiedene Zwischenschritte und Endaktivitäten aufweisen. Legt man diese einzelnen Prozesse übereinander und erstellt eine Grafik, die alle Variationen umfasst, entsteht ein sogenanntes Ist-Prozessmodell (Abb. 2.11).

Das oben beschriebene Modell ist relativ einfach und gut nachvollziehbar. In der Realität wird ein Rechnungsprozess in einem Unternehmen aber nicht nur dreimal, sondern hunderte bis tausende Male anfallen. Dadurch ergeben sich weitere Prozessabweichungen und -varianten. Diese erhöhen die Komplexität des Prozessmodells signifikant, da alle in den Daten gefundenen Prozessvarianten

Tab. 2.2 Beispielhafter Event Log

Eindeutige Identifikationsnummer	Aktivität	Zeitstempel
Rechnung R123	Rechnung erstellt	01.04.2023 um 11:02 Uhr
Rechnung R123	Rechnung korrigiert	01.04.2023 um 11:10 Uhr
Rechnung R123	Rechnung an Kunden versendet	01.04.2023 um 11:30 Uhr
Rechnung R123	Zahlungseingang vermerkt	12.04.2023 um 08:23 Uhr
Rechnung R456	Rechnung erstellt	13.04.2023 um 15:41 Uhr
Rechnung R456	Rechnung an Kunden versendet	13.04.2023 um 17:11 Uhr
Rechnung R456	Zahlungseingang vermerkt	18.04.2023 um 17:11 Uhr
Rechnung R789	Rechnung erstellt	13.04.2023 um 15:28 Uhr
Rechnung R789	Rechnung an Kunden versendet	14.04.2023 um 08:39 Uhr
Rechnung R789	Rechnung storniert	15.04.2023 um 13:12 Uhr

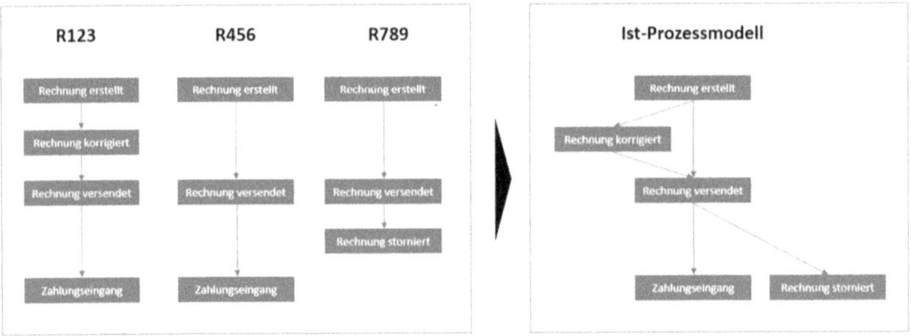

Abb. 2.11 Erstellung eines Prozessmodells

integriert werden. Das Ergebnis ist in vielen Fällen ein komplexes Modell, dass aufgrund seines Aussehens auch als Spaghetti-Modell bezeichnet wird.

Process Discovery (Prozessvisualisierung)
Sobald ein Ist-Prozessmodell auf Basis der in den IT-Systemen verfügbaren Ereignisdaten erstellt wurde, bieten die gängigen Process-Mining-Softwares verschiedene Möglichkeiten der Daten- und Prozessanalyse. Da das Spaghetti-Modell

meist sehr komplex und unübersichtlich ist, ist der Ausgangspunkt für die Analyse üblicherweise die am häufigsten auftretende Prozessvariante. Hier startend, können nach Bedarf schrittweise weitere Prozessvarianten (nach Häufigkeit) eingeblendet werden. Weitere hilfreiche Informationen, wie die Häufigkeit einzelner Prozessschritte oder die Zeitspanne zwischen verschiedenen Aktivitäten, lassen sich ergänzend dazu einblenden. Letzteres kann ein Indikator für Prozessverzögerungen oder Engpässe sein.

Sobald ein initiales Verständnis über den Prozess besteht, kann im nächsten Schritt eine tiefergehende Analyse des Prozessmodells erfolgen. In der Praxis hat es sich bewährt, solche Prozessanalysen in Zweier-Teams bestehend aus einem Datenanalyseexperten (Data Analyst) und einem Prozessexperten (Process Analyst) durchzuführen. Dabei bringt der Data Analyst Expertise in der Datenanalyse und im Umgang mit der Software mit. Ein Prozessexperte ist wiederum in der Lage, die Analyseergebnisse zu bewerten und zu interpretieren.

Neben dem eigentlichen Prozessmodel können Auswertungen erstellt oder wichtige Kennzahlen (KPIs) berechnet werden. Analysen können beispielsweise den Vergleich zweier Produktionswerke oder die Liefermengen/-zeiten verschiedener Lieferanten umfassen. Auch ein Vergleich von Mitarbeitenden ist theoretisch möglich, wird aber aus Datenschutzgründen nahezu immer abgelehnt und die Daten vor der Nutzung entsprechend pseudonymisiert.

Typische Fragestellungen, die mithilfe der Process Discovery beantwortet werden können, sind:

- Wie viele Prozessvarianten gibt es?
- Wie häufig treten die jeweiligen Prozessvarianten auf?
- Was ist die häufigste Prozessvariante?
- Welche Aktivitäten umfassen die verschiedenen Varianten?
- In welcher Reihenfolge werden diese Aktivitäten durchgeführt?
- Wie lange benötigen die einzelnen Prozessschritte und was sind die Prozessdurchlaufzeiten?
- Können Regeln im Prozess erkannt werden (z. B. ein zusätzlicher Prüfschritt bei sehr hohen Rechnungsbeträgen)?
- Wo dauert der Prozess länger als vorgesehen? Bestehen an diesen Stellen Engpässe?
- Wo entstehen vermeidbare Prozessschritte (z. B. zur Korrektur einer Rechnung)?

Conformance Checking (Konformitätsanalyse)

Aufbauend auf der Process Discovery kann eine Konformitätsanalyse erfolgen. Hierbei wird ein zuvor erstelltes Soll-Prozessmodell mit der Realität, also dem

Ist-Modell basierend auf den Ereignisprotokollen, abgeglichen und geprüft, ob und inwieweit die tatsächlichen Prozesse vom gewünschten Prozess abweichen (van der Aalst 2012). Typischerweise wird die Konformitätsanalyse genutzt, um die Einhaltung von Vorschriften zu kontrollieren, wie es im Prüfungswesen (Auditierung) oder bei Betrugsaufdeckung (fraud detection) der Fall ist. Wenn beispielsweise ein Vier-Augen-Prinzip für bestimmte Prozessschritte vorgesehen ist, ermöglichen die Event Logs eine entsprechende Überprüfung. Darüber hinaus kann die Einhaltung von zuvor definierten Regelungen, wie die Freigabe durch eine höher gestellte Person bei der Überschreitung gewisser Rechnungsbeträge, nachvollzogen werden. Das Conformance Checking bietet somit die Möglichkeit, Abweichungen vom Soll-Prozessmodell zu identifizieren und zu beurteilen.

Typische Fragestellung, die mithilfe von Conformance Checking beantwortet werden können, sind:

- Wo weicht die Realität vom Soll-Modell ab?
- Wie häufig passieren Abweichungen?
- Wann – bzw. zu welcher Zeit – passieren Abweichungen? Was bedingt diese?
- Werden bestehende Reglungen eingehalten? Wo nicht?

Die darauf logischerweise folgende Frage nach dem „Warum" kann Process Mining in der Regel nicht beantworten. Hierfür braucht es eine Analyse und Bewertung der durch Process Mining gewonnenen Erkenntnisse von Prozessverantwortlichen und -experten.

Process Enhancement (Prozessverbesserung)
Process Enhancement beschreibt die zielgerichtete Erweiterung oder Verbesserung eines Soll-Prozessmodells unter Verwendung der verfügbaren Informationen des tatsächlichen Prozesses in Ereignisprotokollen (van der Aalst 2016). Es setzt damit auf den Ergebnissen aus der Process Discovery und dem Conformance Checking auf. Eine Erweiterung umfasst in dem Fall die Ergänzung des Soll-Prozessmodells um weitere Prozessschritte oder -varianten, mit dem Ziel, die Realität besser abzubilden. Wenn dieses beispielsweise eine sequenzielle Durchführung bestimmter Prozessschritte vorsieht, die Ist-Analyse aber zeigt, dass auch eine parallele Ausführung möglich ist, kann das Modell dahingehend erweitert werden. Eine Verbesserung hingegen beschreibt die bewusste Veränderung des Soll-Prozesses, um beispielsweise zuvor identifizierte Schwachstellen zu beheben. Wird bei der Process Discovery festgestellt, dass bei der Rechnungserstellung häufig Korrekturschleifen auftreten, gilt es die Ursachen dafür zu identifizieren und nach Möglichkeit zu eliminieren. Dafür kann eine Anpassung des Soll-Prozessmodells sinnvoll sein (z. B. Einführung

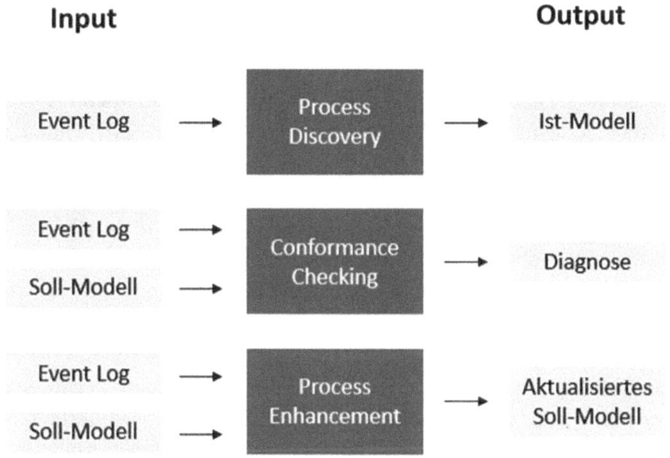

Abb. 2.12 Die drei Arten des Process Mining

zusätzlicher Kontrollschritte), ggf. ist in dem konkreten Fall eine interne Mitarbeiterschulung aber ausreichend. Entscheidend ist, dass sich die Veränderung in einem verringerten Auftreten dieser Prozessvariante widerspiegelt.

Abb. 2.12 fasst die drei Arten des Process Mining noch einmal grafisch anhand des jeweiligen Inputs und Outputs zusammen. Process Discovery erstellt rein auf Basis von Event Logs ein Prozessmodell. Eine initiale Analyse dieses Prozessmodells kann auch noch der Process Discovery zugerechnet werden, solange diese ausschließlich auf den tatsächlichen Prozessdaten beruht. Beim Conformance Checking wird das Ist-Prozessmodell (basierend auf Event Logs) dann mit einem Soll-Prozessmodell abgeglichen, um Abweichungen zu identifizieren und die Einhaltung von Regeln zu überprüfen. Das Process Enhancement zielt auf die Änderung, Verbesserung oder Erweiterung des Soll-Modells ab, indem man die Erkenntnisse aus der Analyse des Ist-Prozessmodell nutzt (van der Aalst et al. 2012).

2.3.1.3 Process Mining in der Praxis

Process Mining selbst bringt noch keinen operativen oder finanziellen Mehrwert und kann viel mehr als Mittel zum Zweck verstanden werden. Es schafft Transparenz und zeigt auf, an welchen Stellen im Prozess die Ursachen für Ineffizienzen und Mängel in Geschäftsprozessen liegen. Tatsächliche und gewinnbringende Einsparungen entstehen erst durch die Maßnahmen, die auf Basis der gewonnenen

Erkenntnisse im Rahmen des Process Enhancement initiiert und implementiert werden. Für die Durchführung von Process-Mining-Initiativen gibt es Stand heute kein universelles Erfolgsrezept, doch es haben sich Best Practices und bewährte Methoden herauskristallisiert. Um die für den Erfolg enorm wichtige Unterstützung des Managements zu bekommen, ist dabei zunächst entscheidend, dass eine Process-Mining-Initiative an den **strategischen Unternehmenszielen** ausgerichtet ist und einen Betrag zur Erreichung dieser leistet (Mans et al.). Sobald der Projektumfang und die zu analysierenden Prozesse feststehen, gilt es die Strategie zu operationalisieren und somit messbare Erfolgskriterien zu definieren. Zwingende Voraussetzung dafür ist eine umfangreiche Datenbasis und eine ausreichend hohe Datenqualität („**Datenaufbereitung und -extraktion**") auf der die Technologie aufsetzen und belastbare Ergebnisse liefern kann. In vielen Fällen erfordert dies eine zeitaufwendige Sammlung, Verknüpfung und Aufbereitung der Rohdaten hin zur Anwendbarkeit für Process Mining. Die anschließende gezielte Identifikation und sukzessive Adressierung von Verbesserungspotenzialen erfolgt dann mithilfe von Process Discovery, Conformance Checking und Process Enhancement. Nur letzteres generiert tatsächliche Mehrwerte und Einsparungen **(„Wertgenerierung"),** die es zu messen gilt, um den tatsächlichen Erfolg der Initiative bewerten zu können. Um nicht nur einen einmaligen, sondern kontinuierlichen Mehrwert zu generieren, ist es wichtig, den operativen Roll-out der Technologie von Beginn an organisatorisch zu verankern und sinnvolle Governance-Strukturen zur dauerhaften iterativen Nutzung zu etablieren **(„Governance & Skalierung").**

2.3.1.4 Datenextraktion und -aufbereitung

Bevor Daten extrahiert und analysiert werden können, muss klar sein, welche Fragestellungen mit den Process-Mining-Aktivitäten beantwortet werden sollen. Ohne konkrete Frage werden schnell falsche und unnötige Daten aus den Systemen extrahiert und vermeidbarer Aufwand verursacht (van der Aalst et al. 2012). Sind die relevanten Daten und Tabellen identifiziert, starten die technischen Vorarbeiten. Diese umfassen die Extraktion, Aufbereitung und Übertragung der Prozessdaten aus oftmals verschiedenen Quellsystemen in eine Process-Mining-Applikation. Für diese Datenintegration kann dabei entweder ein ETL-Tool genutzt werden oder die Anbindung über einen sogenannten Software-Konnektor erfolgen. ETL beschreibt dabei einen aus mehreren Einzelschritten bestehenden Prozess, mit dem sich heterogene Daten aus diversen Quellen extrahieren (**E**xtract), aufbereiten (**T**ransform) und in eine Datenbank oder ein Data Warehouse integrieren lassen (**L**oad). Ein Konnektor wiederum stellt eine direkte Verbindung zwischen den Quellensystemen und der Process-Mining-Software her, umfasst vorgefertigte Extraktions- und Transformationsfunktionen und wird von den Process-Mining-Anbietern für die gängigsten IT-Systeme angeboten. Da sich viele Geschäftsprozesse über mehrere IT-Systeme erstrecken, liegen die Rohdaten oftmals in unterschiedlichen Datenformaten vor. Entsprechend müssen für die Datenextraktion zunächst die relevanten Datenquellen und Datenformate identifiziert werden. Dabei kann es sich um relationale Tabellen aus transaktionalen Systemen (z. B. ERP) aber auch um sonstige Log-Dateien (z. B. CSV, XES, OCEL) handeln. Sind die Daten extrahiert, werden diese im Rahmen des Transformationsprozesses in einzelne Prozessereignisse übersetzt und in ein Event-Log-Format umgewandelt. Danach folgt der „Load" und abschließend übernimmt die Process-Mining-Software die Reihung der einzelnen Ereignisse in eine zeitliche Abfolge. An dieser Stelle steht den vielzähligen Chancen des Process Mining eine substanzielle Herausforderung gegenüber: Die oftmals mangelnde Datenqualität und darauf aufbauend komplexe Datenaufbereitung. Dies ist insofern problematisch, da wertvolle Process-Mining-Ergebnisse nur dann realisiert werden können, wenn qualitativ hochwertige Event Logs als Datenbasis vorliegen (Andrews et al. 2020). In der Praxis ist dies nur selten der Fall und Event Logs sind häufig mit unterschiedlichsten Datenqualitätsproblemen behaftet, wie fehlerhafte oder unvollständige Zeitstempel und inkonsistent benannte Aktivitäten. Das wiederum lässt das Potenzial von Process Mining oftmals ungenutzt beziehungsweise schränkt es auf wenige ausgewählte (z. B. ERP-gestützte) Prozesse ein. Die Vorverarbeitung der erfassten Daten ist daher oft ein notwendiger Zwischenschritt, bevor Process Mining zum Einsatz kommen kann. In der Praxis entfällt häufig bis zu 80 % des Aufwands in Process-Mining-Projekten auf diese Datenvorverarbeitung und somit auch auf die Identifikation, Bewertung und Reparatur von Datenqualitätsproblemen (Wynn und Sadiq 2019). Entsprechend ist es naheliegend, dass auch für Process Mining Bedarf an geeigneten Unterstützungssystemen zur strukturierten Behebung von Datenqualitätsproblemen besteht. Schließlich können Datenqualitätsprobleme in Event Logs dazu führen, dass auf Basis fehlerhafter Erkenntnisse falsche Schlüsse gezogen, Schwachstellen übersehen und Prozesse nicht an relevanten Stellen verbessert werden. Es gilt auch hier die Redewendung „garbage in, garbage out": schlechte Qualität der Inputdaten führt zu schlechtem Output. Der Erfolg von Process Mining in der Praxis hängt daher unmittelbar von der zugrunde liegenden Prozessdatenqualität ab.

Grundlegende Arbeiten zu allgemeinen Datenqualitätsproblemen beschreiben die Anforderungen an Daten im Unternehmenskontext: Sie sollten inhärent gut, kontextuell für die Aufgabe geeignet, klar dargestellt und für den Datenkonsumenten zugänglich sein (Suriadi et al. 2017).

Um die Spezifika von Event Logs zu berücksichtigen, hat sich mit der Etablierung von Process Mining auch dedizierte Forschung zu Event-Log-Qualität entwickelt. Als wesentliche Grundlage dieser Forschungsrichtung lassen sich dabei die Leitlinien des Process-Mining-Manifesto (van der Aalst et al. 2012) anführen, welche verschiedene Reifegrade von Event Logs beschreiben: von schlechter Qualität (✶) bis zu hervorragender Qualität (✶✶✶✶✶):

- Event Logs, die mit einem Stern (✶) klassifiziert werden, sind oftmals unvollständig bzw. nicht der Realität entsprechend. Dies trifft zum Beispiel auf handgeschriebene Notizen zu.
- Event Logs mit zwei Sternen (✶✶) werden zwar bereits automatisiert aufgezeichnet, aber nur als Nebenprodukt. Zudem ist es möglich, den zugrunde liegenden Prozess auch außerhalb des Systems durchzuführen, sodass Aufzeichnungen unvollständig sein können.
- Bei mittelmäßigen Event Logs (✶✶✶) handelt es sich um Daten aus ERP oder CRM-Systemen, die automatisiert erfasst wurden und bei denen angenommen werden kann, dass diese größtenteils korrekt sind.
- Logs mit vier Sternen (✶✶✶✶) stammen beispielsweise aus traditionellen Workflow-Systemen, sind vertrauenswürdig und vollständig und Begrifflichkeiten wie „activity" werden explizit unterstützt.
- Event Logs der höchsten Reifegradstufe (✶✶✶✶✶) sind von ausgezeichneter Qualität, das heißt sie sind vollständig und vertrauenswürdig, basieren auf einer automatischen Aufzeichnung und die Semantik ist klar und eindeutig. Auch Datenschutz und Datensicherheitsaspekte werden hier adäquat berücksichtigt.

Um die Vorteile von Process Mining bestmöglich nutzen zu können, sollten Unternehmen idealerweise auf Event Logs der höchsten Reifegrade aufsetzen, mindestens aber einen Reifegrad von drei Sternen (✶✶✶) vorweisen, um belastbare Ergebnisse zu erzielen (van der Aalst et al. 2012).

Wurde ein Event Log von ausreichender Qualität erstellt, bildet dieser die Grundlage für das Ist-Prozessmodell. Die einzelnen Schritte der Datenextraktion und -transformation sowie den Ladevorgang steuern dabei die Konnektoren oder das ETL-Tool. Je nach Bedarf können diese in regelmäßigen Abständen ausgelöst werden, sodass laufend neue Daten hinzugefügt werden und ein kontinuierliches Monitoring von Prozessen, nahezu in Echtzeit, möglich wird.

2.3.1.5 Wertgenerierung

Steht das Prozessmodell für den zu analysierenden Prozess, stellt sich konsequenterweise die Frage, wie Potentiale in den Prozessen entdeckt werden („Value

Discovery") und darauf aufbauend, wie aus den Potentialen tatsächliche Mehrwerte generierbar sind („Value Realization"). Der Ansatz, Prozesse basierend auf Daten zu analysieren und zu verbessern, ist nicht neu, sondern bereits unter dem Namen DMAIC aus dem Six-Sigma-Umfeld bekannt. DMAIC steht dabei für einen datengetriebenen Verbesserungszyklus, der zur Analyse und Optimierung von Geschäftsprozessen und als zentrales Instrument bei der Durchführung von Six Sigma Prozessen genutzt wird. Als solches kann er auch als Grundlage und Orientierung für die Durchführung von Process Mining Initiativen genutzt werden.

In diesem Rahmen steht DMAIC für insgesamt fünf Projektphasen, die nachfolgend Schritt für Schritt beleuchtet werden: Define (Definieren), Measure (Messen), Analyze (Analysieren), Improve (Verbessern) und Control (Steuern).

Define (Definieren)
An erster Stelle braucht es Klarheit über die Problem- und Zielstellung. Welche Herausforderungen sollen mit Process Mining gelöst werden? Was erhofft sich das Unternehmen von der Technologie? Welche Kriterien sind relevant, um im Nachgang den Erfolg einer Initiative zu bewerten?

Sind diese Fragen beantwortet, gilt es einen passenden Prozess für die Analyse mit Process Mining zu identifizieren. Hierbei ist es besonders wichtig, dass der Prozess zur strategischen Zielsetzung des Unternehmens und der Process Mining Initiative passt. Ist es das Ziel, die Kundenzufriedenheit zu erhöhen, sollte der ausgewählte Prozess auch einen tragenden Einfluss auf genau diese Kennzahl haben. Daneben empfiehlt es sich, die folgenden Aspekte zu durchdenken und zu berücksichtigen:

- **Wie häufig tritt der Prozess auf?**
  Je öfter ein Prozess durchgeführt wird, desto mehr Daten sind verfügbar und können analysiert werden.
- **Inwieweit ist der Prozess digitalisiert und entsprechende Prozessdaten verfügbar?**
  Process Mining basiert auf Prozessdaten. Wenn diese nicht vollständig erfasst werden, kann auch keine vollumfängliche Prozessanalyse durchgeführt werden.
- **Wie ist die Datenqualität einzuschätzen?**
  Das Ergebnis der Analyse kann am Ende nur so gut sein, wie die zugrunde liegenden Daten. Wichtig ist, dass nicht mit vorschnellen Ergebnissen auf Grundlage schlechter Datenqualität das Vertrauen der Anwender verspielt wird.
- **Habe ich die nötigen Ressourcen und Kompetenzen?**
  Es gilt zu beachten, dass sowohl technische Experten als auch Prozessexperten benötigt werden. Da diese in der Regel verschiedenen Abteilungen/Bereichen

zugeordnet sind, braucht es Transparenz und klare Zusagen hinsichtlich der Verfügbarkeit und ggf. Kostenübernahme.

- **Wie komplex/individuell ist der Prozess?**
  Hochindividualisierte Prozesse verursachen mehr Aufwand und benötigen mehr Fachexpertise. Zu Standardprozessen sind oftmals schon viel Wissen und Best Practices vorhanden, die genutzt werden können.
- **Beinhalten die relevanten Prozessdaten personenbezogene Daten?**
  Ist dies der Fall, müssen die Daten im Regelfall pseudonymisiert, oder vollständig anonymisiert werden. In Großkonzernen wird unter Umständen auch eine Zustimmung des Betriebsrats benötigt.
- **Was ist die Motivation der Prozessverantwortlichen?**
  Der Erfolg einer Process Mining Initiative steht und fällt mit der Motivation und Unterstützung der Prozessverantwortlichen. Dies gilt insbesondere, wenn Process Mining aus einer zentralen Einheit heraus (z. B. Inhouse Consulting oder BPM) und nicht aus der Fachabteilung selbst getrieben wird.

Die Beantwortung der Fragen erfolgt unter Einbeziehung aller relevanten Stakeholder. Dies umfasst beispielsweise technische und System-Experten für die Beurteilung der Datenverfügbarkeit und -qualität. Mit am wichtigsten für die Prozessauswahl sind jedoch die Motivation und Bereitschaft der Prozessverantwortlichen, ihre Prozesse zu analysieren und zu verbessern. Es ist entscheidend, dass diese Process Mining als Chance begreifen und der Prozessanalyse offen und wohlwollend gegenüberstehen und bei der späteren Umsetzung von Veränderungen unterstützen.

Als Ergebnis der „Define“-Phase ist der zu analysierende Prozess für die Erstimplementierung (weitere Prozesse können zu einem späteren Zeitpunkt analysiert werden) ausgewählt, ein Zeit- und Projektplan ist definiert und die notwendigen Ressourcen sind zugewiesen und verfügbar.

Measure (Messen)

Als Vorarbeit für die anschließende Datenanalyse, werden in dieser Phase die relevanten Prozessdaten aus den entsprechenden Quellsystemen extrahiert. Hierfür kann entweder ein Einmal-Datenabzug mittels einer CSV-Datei erfolgen oder eine direkte, bestenfalls kontinuierliche, Datenanbindung des Quellsystems an die Process-Mining-Software. Für die gängigsten Systeme bieten die meisten Process-Mining-Anbieter Standard-Konnektoren an. Je nach Beurteilung der Datenqualität in der Define-Phase, findet in dieser Stufe eine Datenbereinigung statt und, falls aufgrund von Datenschutzregelungen benötigt, die Anonymisierung oder Pseudonymisierung personenbezogener Daten. Dem folgt die Datenextraktion sowie die Anfertigung von Event Log, Daten- und Prozessmodell. Als Ergebnis liegt eine erste Visualisierung des Prozesses vor, die im nächsten Schritt auf Verbesserungspotenziale hin untersucht werden kann.

Analyze (Analysieren)

Bevor eine tiefgreifende Prozess- und Datenanalyse starten kann, ist eine vorhergehende Sichtung der Daten und Überprüfung der Datenqualität mit den entsprechenden Prozessexperten unabdingbar. Das Vertrauen der Nutzer in eine neue Technologie ist schwer gewonnen, aber schnell verloren und die Wichtigkeit dieses Zwischenschrittes daher nicht zu unterschätzen. So kann bei Bedarf eine Nachschärfung erfolgen und spätere Diskussionen drehen sich nicht darum, *ob* die Prozesse wirklich so sind, wie dargestellt (denn das sind sie, wenn die Daten korrekt sind), sondern *warum* sie so sind und welche Verbesserungsmaßnahmen sich anbieten. Für die daran anschließende Analyse der Daten gibt es verschiedene Ansätze:

- Der erste Schritt ist eine umfassende Analyse des Ist-Prozessmodells. Dabei bieten die meisten Process-Mining-Anbieter die Möglichkeit, ausgehend von der häufigsten Prozessvariante sukzessive weitere Varianten einzublenden und so Stück für Stück den Prozess zu erfassen. Weitere Informationen, wie Durchlaufzeiten oder die Automatisierungsrate können bei Bedarf ergänzt werden. Dieses eher breit angelegte Vorgehen hilft dabei, erste Auffälligkeiten und Anknüpfungspunkte für weitere Analysen zu identifizieren.
- Bei einer zielgerichteten Analyse wird von bekannten Problemen ausgegangen, nach Ursachen und Treibern im Prozessablauf gesucht und diese bestenfalls direkt quantifiziert. In der nachgelagerten Improve-Phase dienen sie dann als Basis für Verbesserungsmöglichkeiten.
- Als zweiter Schritt kann ein Conformance Checking durchgeführt werden (vgl. Abschn. 3.3.2). Dies hilft bei der Identifikation von Abweichungen zwischen dem Prozessmodell und dem tatsächlichen Prozess. Diese Methodik ist insbesondere für solche Prozesse unabdingbar, bei denen es Prozessvorgaben gibt, die zwingend eingehalten werden müssen (z. B. 4-Augen-Prinzip).
- Bei der Analyse von Standardprozessen ist es empfehlenswert, sich zunächst an Best Practices zu orientieren. Vor allem die Process-Mining-Anbieter haben oftmals umfangreiche Datenbanken aufgebaut, die die konsolidierten Erkenntnisse aus zahlreichen Kundenprojekten enthalten.

Improve (Verbessern)
Die „Improve“-Phase umfasst das sogenannte Process Enhancement. Ziel hierbei ist es, die zuvor identifizierten Optimierungspotenziale jetzt auch zu realisieren. Dabei wird zwischen verschiedenen Arten der Prozessverbesserung differenziert. Durch die Eliminierung einzelner (unnötiger) Prozessschritte, kann das Prozessmodell optimiert werden. Daneben geben Durchlaufzeiten und Automatisierungsrate Aufschlüsse über mögliche Engpässe und manuelle Abläufe. Immer mehr Process-Mining-Anbieter bieten inzwischen auch die Möglichkeit, Benachrichtigungen einzustellen, sodass Prozessnutzer bei Problemen/Abweichungen direkt informiert werden sowie in den Prozess eingreifen können und somit Ineffizienzen gar nicht erst entstehen. Dafür ist eine kontinuierliche Datenanbindung Voraussetzung. In der Realität wird sich aus den aufgeführten Ansätzen eine lange Liste an Maßnahmen ergeben. Diese sollte mit den relevanten Stakeholdern besprochen und priorisiert werden. Eine Möglichkeit ist die Durchführung eines Workshops und gemeinsame Einordnung der identifizierten Maßnahmen in eine Aufwand-Nutzen Matrix. Der Nutzen ist dabei mit der Erreichung der zuvor definierten Ziele gleichzusetzen.

Control (Steuern)
Die abschließende Control-Phase dient dazu, den Erfolg der durchgeführten Maßnahmen zu bewerten, beispielsweise durch den Vergleich von zuvor definierten KPIs, vor und nach den Veränderungsmaßnahmen. Wenn möglich und gewünscht, können Verbesserungen auch direkt quantifiziert und somit in konkrete Einsparungen übersetzt werden. Dies ermöglicht die Berechnung eines Returns on Investment (ROI) der Process-Mining-Initiative, wie er vom Senior Management oft gefordert wird. Im besten Fall ist dies keine einmalige Berechnung, sondern es wird ein kontinuierliches Tracking und Monitoring der wichtigsten Kennzahlen etabliert.

Nach dieser initialen Analyse bestehen diverse Optionen für das weitere Vorgehen: Ist eine Fortführung und Vertiefung der Prozessanalyse gewünscht, kann der Prozess um weitere Daten(quellen) angereichert und ein neuer DMAIC-Zyklus durchlaufen werden. Auch eine Evaluation und Definition von Prozessautomatisierungen ist denkbar, sowie die Einrichtung einer kontinuierlichen Datenanbindung, falls noch nicht erfolgt. Alternativ besteht die Möglichkeit einen neuen, weiteren Prozess mit der gleichen Methodik zu analysieren und zu verbessern.

2.3.1.6 Governance und Skalierung
Die Bekanntheit, Verbreitung und Akzeptanz von Process Mining hat in den letzten Jahren stetig zugenommen und immer mehr Unternehmen weltweit haben die leistungsstarke Technologie im Einsatz. Es ist ein Punkt erreicht, an dem

das „Warum“ der Anwendung von Process Mining klar ist. Durch die Einblicke und Erkenntnisse, die durch die Technologie erlangt werden können, hat es sich als Must-have Tool bei der Prozessanalyse und -verbesserung durchgesetzt. Vielen Unternehmen ist es gelungen, mit Hilfe von Process Mining ihre Prozesse zu optimieren und umfassende Einsparungen und Mehrwerte zu erzielen. Doch trotz dem Erfolg der Technologie gibt es bisher nur wenige Informationen und Anleitungen dazu, wie man Process-Mining-Initiativen über verschiedene Teams und Funktionen hinweg im Unternehmen aufbaut und skaliert. Gleichzeitig ist dies aber ein entscheidender Hebel, um erfolgreich zu einer groß angelegten Wertschöpfung und einer holistischen Prozessverbesserung zu gelangen. Um die Einführung von Process Mining zu beschleunigen, einen signifikanten Mehrwert zu generieren und schnell einen ROI zu erlangen, sind sogenannte Centers of Excellence (CoEs) ein wichtiges Mittel zum Erfolg.

Unter einem Center of Excellence versteht man dabei ein (de)zentrales Team innerhalb eines Unternehmens, das damit betraut ist, die Federführung für ein Thema, eine Methode oder eine Technologie zu übernehmen. Dies umfasst die Einführung der Technologie, laufenden Support sowie interne Schulungen. Darüber hinaus ist das Ziel, Best Practices zu entwickeln und in die Organisation zu tragen sowie das Thema aktiv voranzutreiben. Dies umfasst nicht zuletzt auch die Kommunikation von Erfolgen und aktives Change-Management.

Ein CoE ist kein Tool, dass dem Process Mining vorbehalten ist, sondern eine Governance-Struktur, die in Unternehmen auch für andere Themen und Technologien zum Einsatz kommt. Jedoch bringt Process Mining einige Besonderheiten mit, die bei der Ausgestaltung und Einführung eines CoE für Process Mining zu berücksichtigen sind.

Organisatorische Verankerung und Zentralisierungsgrad

Es gibt zwei grundsätzliche Gestaltungsmöglichkeiten für die Verankerung eines CoE: Die Integration in ein bestehendes CoE oder die Aufhängung unter einem Fachbereich bzw. einer Funktion. Da viele Unternehmen vor Process Mining schon andere digitale Technologien initiiert haben und dort bereits ein CoE aufgesetzt haben, kann es sinnvoll sein, das Process Mining CoE in die bestehenden Strukturen zu integrieren. Typisch ist eine bestehende Einheit für das Management von Geschäftsprozessen, ein Analytics- oder ein Automatisierung-CoE. Falls dies nicht der Fall oder gewünscht ist, bietet sich eine Assoziation mit einer Funktion (z. B. Chief Operations Officer/Chief Digital Officer) oder einem Fachbereich an. Üblich ist eine Aufhängung in der IT, wo die technischen Kompetenzen liegen, oder innerhalb des Fachbereichs, in dem Process Mining initial eingesetzt wird.

Dabei ist weniger entscheidend, wo genau die Aufhängung erfolgt, sondern vielmehr welche Vor- und Nachteile mit der jeweiligen Variante einhergehen. Bei einer Ansiedlung in der IT besteht direkter Zugriff auf die notwendigen technischen Kompetenzen, gleichzeitig fehlt es häufig an Business-Verständnis und Business-Buy-in. Bei der Integration in ein bestehendes CoE können zwar bereits existierende Strukturen übernommen werden, andererseits erhöht sich in vielen Fällen der Abstimmungsaufwand.

Ergänzend zu der organisatorischen Verankerung spielt der Zentralisierungsgrad eine wichtige Rolle. Neben einem vollständig zentralisierten und einem vollständig dezentralisierten Setup gibt es eine Vielzahl an Zwischenstufen und Ausprägungen. Unternehmen starten typischerweise mit einem kleinen zentralisierten Team und bewegen sich im Laufe der Zeit immer stärker in Richtung einer Dezentralisierung. So können bei einer initialen Aufhängung in der IT weitere Ressourcen aus anderen Bereichen hinzugezogen werden, die aber weiterhin in ihrem jeweiligen Fachbereich angesiedelt bleiben.

Rollen

Da sich Process Mining an der Schnittstelle zwischen Prozessmanagement und Data Mining bewegt, benötigt die Einführung und Etablierung auch eine Bandbreite unterschiedlicher Kompetenzen. Diese können üblicherweise durch die folgenden vier Rollen abgedeckt werden: Data Engineer, Data Analyst, Prozessexperte und (Senior) Manager. Jede dieser Funktionen ist mit spezifischen Aufgaben betraut, die sich wiederum in unterschiedlichen Erwartungen, Anforderungen und Fähigkeiten widerspiegeln.

Ein Process-Mining-(Senior)-Manager ist in der Regel Teil des mittleren Managements und trägt einen Titel, wie „Head of Process Mining". Die Rolle setzt unternehmensweite strategische Ziele in konkrete Vorgaben um, treibt die Einführung von Process Mining in der Organisation voran und fungiert als Bindeglied zwischen verschiedenen Nutzergruppen.

Der **Data Engineer** ist meist in der IT angesiedelt und für das technische Setup sowie die Anbindung der Quellsysteme und Daten zuständig. Die Lücke zwischen der technischen (Data Engineer) und der fachlichen Seite (Prozessexperte) überbrückt der **Data Analyst**. Die Aufgabe besteht darin, Analysen zu erstellen und verwertbare Erkenntnisse über den jeweiligen Prozess zu gewinnen. In manchen Unternehmen wird die Rolle des Data Engineer und des Data Analyst auch in einer Person gebündelt. Ergänzend zu der technischen Expertise der beiden vorhergehenden Rollen, bringt der **Prozessexperte** detailliertes Fachwissen über einen Prozess mit und ist dadurch in der Lage, die vom Data Analyst erstellten Analysen zu bewerten. Wie der Name bereits suggeriert, ist diese Person Experte für einen spezifischen Prozess, weshalb sie, anders als die anderen Rollen, von Prozess zu Prozess variiert. Da mit zunehmender Anzahl an zu analysierenden Prozessen aber auch das Arbeitsvolumen steigt, wird insbesondere die Funktion des Data Engineer und Data Analyst mit zunehmender Anzahl an Prozessimplementierungen auch mehrfach benötigt.

Neben den genannten Rollen innerhalb des CoE gibt es noch zwei weitere wichtige Akteure: Executive Sponsor und Champion:

Ein **Champion** ist ein engagierter, proaktiver operativer Nutzer, der den Einsatz von Process Mining in der Organisation aktiv unterstützt, fördert und als Advokat auftritt. Im besten Fall sind dies nicht nur eine, sondern mehrere Personen aus verschiedenen Fachbereichen.

Ein **Executive Sponsor** beschreibt eine Person in leitender Funktion mit Management- und Budgetverantwortung, welcher den Einsatz von Process Mining unterstützt. Dies geschieht einerseits durch die Vorgabe klarer Ziele und dem Setzen von Anreizen, andererseits doch Lobbyarbeit auf Management-Ebene. Insbesondere der Executive Sponsor ist ein entscheidender Erfolgsfaktor bei der Einführung von Process Mining und unabdingbar für einen erfolgreichen unternehmensweiten Roll-out.

Value Proposition/Aufgaben

Das Leistungs- und Aufgabenspektrum eines Process-Mining-CoE kann insbesondere abhängig vom Reifegrad stark variieren. Initial liegt der Fokus meist auf dem reinen Betrieb der technischen Plattform. Das umfasst die Benutzerverwaltung, Bereitstellung von Daten(zugriffen), (technischen) Support sowie die Durchführung von Trainings und Schulungen. In der nächsten Entwicklungsstufe werden diese Tätigkeiten erweitert, insbesondere steht dann die Durchführung von Daten- und Prozessanalysen und die Bereitstellung von Dashboards und Analysen im Vordergrund. Das Stichwort hier ist „Hilfe zur Selbsthilfe" und die Fachabteilungen werden beim initialen Aufsetzen unterstützt und es wird das nötige Wissen vermittelt, sodass die Fachbereiche größtenteils autonom agieren können. Bei Unternehmen mit einem sehr hohen Process-Mining-Reifegrad spielt das CoE darüber hinaus eine aktive Rolle bei der Verbreitung und Vermarktung der Technologie im Unternehmen, treibt Change-Management voran und fördert eine aktive Community.

2.3.1.7 Aktuelle Entwicklungen

Geschäftsprozessmanagement entwickelt sich weiter und derzeit kristallisiert sich eine neue Evolutionsstufe heraus: Augmented BPM. Dieser Ansatz bedient sich Methoden der Künstlichen Intelligenz (KI), um eine kontinuierliche und (teil)automatisierte Prozessverbesserung zu erreichen (Dumas et al. 2023). Entscheidungen über Prozessverbesserungen werden dabei schon zum Zeitpunkt des Prozessdesigns, oder auch während der Prozessdurchführung getroffen. Ziel ist es, Analytics und Künstliche Intelligenz flächendeckend so einzusetzen, dass Geschäftsprozesse datengestützt laufend überwacht, angepasst und neugestaltet werden. Um die Funktionsweise von Augmented BPM besser zu verstehen, hat Dumas (2021) ein Pyramidenschema entwickelt, welches auf der untersten Ebene mit dem klassischen Process Mining startet und die verschiedenen Zwischenstufen hin zu „Augmented BPM" aufzeigt (Abb. 2.13).

Der Ausgangspunkt und somit die unterste Stufe ist das **deskriptive Process Mining,** welches in diesem Kapitel ausführlich behandelt wurde und derzeit allgemein unter Process Mining verstanden wird. Wie gezeigt, bietet es zahlreiche Möglichkeiten zur Identifikation von Engpässen, Compliance-Verstößen und anderen Ineffizienzen. Damit ermöglicht es, die Auswirkung dieser Optimierungspotenziale auf die Prozessleistung und diverse Performance-Indikatoren zu bewerten und Maßnahmen einzuleiten.

Ergänzend zu den bekannten Konzepten Process Discovery, Conformance Checking und Process Enhancement können, aufbauend auf den gleichen Daten, auch prädiktive Modelle generiert werden. Diese liefern Aufschluss darüber, wie sich ein Prozess in der Zukunft verhält und wie sich beispielsweise eine (Teil-) Automatisierung auswirkt. Wo deskriptives Process Mining die Frage beantwortet, wie ein Prozess in der Vergangenheit abgelaufen ist, beantwortet **prädiktives**

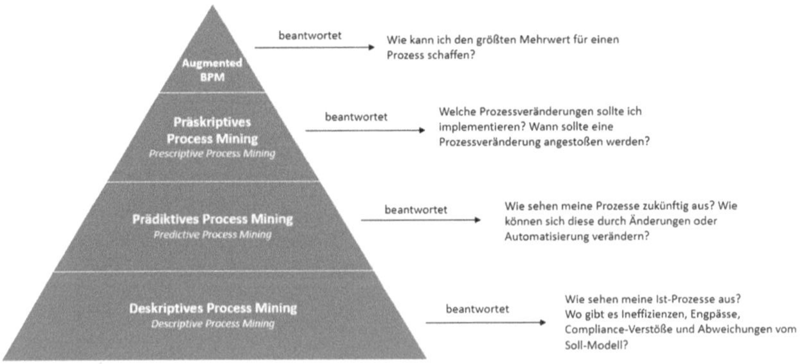

Abb. 2.13 Die Entwicklungsstufen des Process Mining in Anlehnung an (Dumas 2021)

Process Mining (Predictive Process Mining) die Frage, wie ein Prozess zukünftig entsprechend dem Umfeld ablaufen kann. Das umfasst zum einem das sogenannte „Predictive Process Monitoring", welches beispielsweise während eines Prozesses darüber informiert, ob eine Bestellung rechtzeitig beim Kunden sein wird, oder ob Verzögerungen auftreten. Daneben können mit Hilfe von „Digital Process Twins" Prozessveränderungen vor der tatsächlichen Implementierung simuliert werden und erlauben dadurch eine realistische Abschätzung der (positiven) Auswirkungen von geplanten Anpassungen (Dumas 2021).

Solche Vorhersagen sind zwar hilfreich, wie beim klassischen Process Mining ist aber auch hier die tatsächliche Umsetzung entscheidend. Dies wird durch die **präskriptive Prozessverbesserung** (Prescriptive Process Improvement) abgedeckt, die dritte Stufe der Pyramide. Analog zum bekannten „Process Enhancement" liegt der Fokus auf der tatsächlichen Prozessverbesserung. Auch hier werden wieder zwei Fertigkeiten unterschieden: Präskriptive Prozessüberwachung (prescriptive process monitoring) und automatisierte Prozessverbesserung (Automated Process Improvement) (Dumas 2021). Ersteres beschreibt die Fähigkeit einen Prozess zum Zeitpunkt der Durchführung, also in Echtzeit, zu verbessern. Wenn beispielsweise vom System erkannt wird, dass eine Bestellung nicht rechtzeitig beim Kunden eintreffen wird, kann dieses konkrete Aktionen vorschlagen, wie beispielsweise die Veranlassung einer Express-Lieferung. Bei der automatisierten Prozessverbesserung erkennt das System Fehlerquellen (beispielsweise Lieferverzögerungen bei dem immer gleichen Lieferanten) und schlägt automatisiert Änderungen vor, um diese zukünftig zu vermeiden. Dafür kommen Technologien zum Einsatz, die kausale Beziehungen zwischen Handlungen und Ergebnissen aufdecken und die bestmögliche Handlungsoption davon ableiten. Dieser Strang ist unter dem Namen „Causal Process Mining" bekannt (Dumas 2021).

Augmented BPM geht noch einen Schritt weiter und setzt auf eine verstärkte Autonomisierung der Systeme. So lernt das System, welche Prozessverbesserungsvorschläge der menschliche Bediener in der Vergangenheit angenommen oder abgelehnt hat und kann dadurch zukünftig eigenständig Entscheidungen auf Basis der gewonnenen Erkenntnisse treffen. Dies wird durch sich selbst steuernde Prozesse ergänzt. Das System kann dabei wieder auf Basis von Erfahrungen Entscheidungen treffen oder bei neuen Situationen einen menschlichen Entscheider hinzuziehen. Dessen Entscheidung wird wiederum gespeichert und bei identischen Situationen in der Zukunft angewendet (Dumas 2021).

Diese vorgestellten Konzepte, insbesondere der oberen beiden Stufen, erhalten in der Forschungscommunity immer mehr Aufmerksamkeit, stecken in

Anwendung aber Großteils noch in den Kinderschuhen. Doch die führenden Process-Mining-Anbieter arbeiten bereits an der Integration dieser weiterführenden Technologien in die bestehenden Lösungen. Der Trend geht in Richtung von Plattformen, die all die Konzepte integrieren und ganzheitliche Lösungsansätze anbieten.

Literatur

Allweyer T (2015) BPMN 2.0 – Business Process Model and Notation; Einführung in den Standard für die Geschäftsprozessmodellierung. BOD – Books on Demand, Norderstedt

Allweyer T (2020) Prozessmanagement für die Digitale Transformation; Untersuchung aktueller Ansätze des Geschäftsprozessmanagements als Enabler für die digitale Unternehmenstransformation. Hochschule Kaiserslautern. https://www.kurze-prozesse.de/blog/wp-content/uploads/2020/07/Prozessmanagement-f%C3%BCr-die-digitale-Transformation.pdf. Zugegriffen: 01. August 2022

Andrews R, van Dun C, Wynn MT, Kratsch W, Röglinger M, ter Hofstede A (2020) Quality-informed semi-automated event log generation for process mining. Decis Support Syst 132:113265. https://doi.org/10.1016/j.dss.2020.113265

Bertagnolli F (2018) Lean Management; Einführung und Vertiefung in die japanische Management-Philosophie. Springer Gabler, Wiesbaden, Heidelberg

Dumas M (2021) From Process Mining to Augmented Business Process Management. Universität Tartu. https://www.linkedin.com/pulse/from-process-mining-augmented-business-management-marlon-dumas/. Zugegriffen: 01. September 2023

Dumas M, La Rosa M, Mendling J, Reijers HA (2013) Fundamentals of business process management. Springer, Berlin, Heidelberg

Dumas M, Fournier F, Limonad L, Marrella A, Montali M, Rehse J-R, Accorsi R, Calvanese D, de Giacomo G, Fahland D, Gal A, La Rosa M, Völzer H, Weber I (2023) AI-augmented Business Process Management Systems: A Research Manifesto. ACM Trans. Manage. Inf. Syst. 14:1–19. https://doi.org/10.1145/3576047

Gimpel H, Schröder J (Hrsg) (2021) Hospital 4.0; Schlanke, digital-unterstützte Logistikprozesse in Krankenhäusern. Springer Gabler, Wiesbaden, Germany, Heidelberg

Gimpel H, Heger S, Schröder J, Kriner H, Wöhl M (2021) Grundlagen, Methoden und Vorgehen zur Analyse und Gestaltung von Logistikprozessen. In: Gimpel H, Schröder J (Hrsg) Hospital 4.0. Schlanke, digital-unterstützte Logistikprozesse in Krankenhäusern. Springer Gabler, Wiesbaden, Germany, Heidelberg, S 29–70

Grisold T, Mendling J, Otto M, vom Brocke J (2021) Adoption, use and management of process mining in practice. Bus Process Manag J 27:369–387. https://doi.org/10.1108/BPMJ-03-2020-0112

Hartleif S, Christoph L, Erlach K (2019) Medizin- und Pharmaprodukte effizient in kleinen Losen produzieren; Adaption der bewährten Wertstrommethode aus der Lean Produktion. Zugegriffen: 28. April 2023

Hartmann L, Meudt T, Seifermann S, Metternich J (2018) Value stream method 4.0: holistic method to analyse and design value streams in the digital age. Procedia CIRP 78:249–254. https://doi.org/10.1016/j.procir.2018.08.309

Kerremans M, Srivastava T, Choudhary F (2021) Market Guide for Process Mining. https://www.gartner.com/doc/reprints?id=1-28SA9BAA&ct=220118&st=sb

Klauber, (Hrsg) (2019) Krankenhaus-Report 2019. Springer, Berlin Heidelberg

Klauber J, Wasem J, Beivers A, Mostert C (Hrsg) (2022) Patientenversorgung während der Pandemie. SpringerOpen, Berlin

Kriegel J (2012) Krankenhauslogistik. Gabler Verlag, Wiesbaden, Innovative Strategien für die Ressourcenbereitstellung und Prozessoptimierung im Krankenhauswesen

Lindner A, Becker P (2010) Wertstromdesign; Praxiswissen erfolgreich anwenden. Hanser, München

Mans RS, Reijers HA, Berends H, Bandara W, Prince R Business Process Mining success

Peffers K, Tuunanen T, Rothenberger M, Chatterjee S (2007) A design science research methodology for information systems research. J Manag Inf Syst 24:45–77

Redaktion Wirtschaftswissenschaften (2019) Konsignationlager. https://www.wirtschaftswissen.de/warenwirtschaft/logistik/konsignationslager-geld-spar-tipps-fuer-logistiker-teil-1/. Zugegriffen: 28. April 2023

Suriadi S, Andrews R, ter Hofstede A, Wynn MT (2017) Event log imperfection patterns for process mining: Towards a systematic approach to cleaning event logs. Inf Syst 64:132–150. https://doi.org/10.1016/j.is.2016.07.011

Thaler K (2007) Supply chain management; Prozessoptimierung in der logistischen Kette. Bildungsverlag EINS, Troisdorf

Tomanek DP, Schröder J (2018a) Value Added Heat Map; Eine Methode zur Visualisierung von Wertschöpfung. Springer Gabler, Wiesbaden

Tomanek DP, Schröder J (2018b) Value Added Heat Map; Eine Methode zur Visualisierung von Wertschöpfung. Springer Gabler, Wiesbaden

van der Aalst W (2012) Process Mining. ACM Trans. Manage. Inf. Syst. 3:1–17. https://doi.org/10.1145/2229156.2229157

van der Aalst W (2016) Process Mining. Springer, Berlin Heidelberg, Berlin, Heidelberg

van der Aalst W, Carmona J (Hrsg) (2022) Process mining handbook. Springer, Cham

van der Aalst W, Adriansyah A, Medeiros AKA de et al (2012) Process Mining Manifesto. In: Daniel F, Barkaoui K, Dustdar S (Hrsg) Business Process Management Workshops. Springer Berlin Heidelberg, Berlin, Heidelberg, S 169–194

Wagner KW, Lindner A (2017) Wertstromorientiertes Prozessmanagement; Effizienz steigern, Verschwendung reduzieren, Abläufe optimieren. Hanser, München

Womack JP (1990) The machine that changed the world; Based on the Massachusetts Institute of Technology 5-million-Dollar 5-year study on the future of the automobile. Rawson Assoc. Collier MacMillan Canada, Toronto Oxford New York, N.Y

Wynn MT, Sadiq S (2019) Responsible Process Mining – A Data Quality Perspective. In: Hildebrandt T, van Dongen BF, Röglinger M, Mendling J (Hrsg) Business Process Management. Springer International Publishing, Cham, S 10–15

Wertschöpfungskonzentration durch Digitalisierung

3

Christine Hufnagl, Hildegard Kriner und Laura Marcus

3.1 Digitalisierung

3.1.1 Vorüberlegungen: Essentielle Grundlagen der Digitalisierung

Digitalisierung ist im deutschen Sprachgebrauch ein übergreifender Begriff, der inhaltlich für verschiedene Aspekte steht. Hierin wird sowohl die Umwandlung analoger in digitale Daten als auch die digitale Transformation von Unternehmen verstanden. Allerdings basiert die digitale Transformation auf den Grundlagen der vorgelagerten Aspekte der Digitalisierung, welche im Folgendem geschildert werden. Hingegen unterscheidet das Englische diese Schritte in den Begriffen klar. Man unterscheidet zwischen „digitalization", „digitization" und „digital transformation". Dabei bedeutet die Digitalisation („digitalization") eine Umwandlung analoger in digitale Daten. Im nächsten Schritt steht die Prozessoptimierung, welche unter den Begriff der Digitalisierung („digitization") fällt. Daraus abgeleitet werden neue Geschäftsmodelle und Prozesse für ein Unternehmen ermöglicht, was unter dem Begriff der digitalen Transformation zusammengefasst wird. Diese

C. Hufnagl · H. Kriner
Technische Hochschule Ingolstadt, Ingolstadt, Deutschland
E-Mail: christine.hufnagl@thi.de

H. Kriner
E-Mail: Hildegard.Kriner@sana.de

L. Marcus (✉)
Technische Hochschule Augsburg, Augsburg, Deutschland
E-Mail: laura.marcus@hs-augsburg.de

J. Schröder (Hrsg.), *Wertschöpfung und Digitalisierung*,
https://doi.org/10.1007/978-3-658-43584-4_3

drei essenziellen Aspekte basieren auf digitalen Zeichen, welche mithilfe digitaler Technologien in mehreren Schritten letztlich zu Wissen transformiert werden. Im Folgenden wird der Zusammenhang der Daten und des entstehenden Wissens durch die unterschiedliche Intensität der Datendurchdringung in den drei Ebenen der Digitalisierung beschrieben.

3.1.1.1 Wissenspyramide der Datendurchdringung

Ursprung jeder Bemühung digitale Technologien einzusetzen, ist das Streben nach digitalen Daten und draus generierten Informationen. Sie ermöglichen vereinfachte und automatisierte Prozesse sowie in einem weiteren Schritt die Entwicklung neue Geschäftsmodelle. Dabei stehen die drei aufeinander aufbauenden Stufen der Digitalisation, Digitalisierung und digitale Transformation im Fokus. Für die Einordnung dieser Begriffe in Bezug auf die Datendurchdringung eignet sich die Wissenspyramide, welche die vorhandenen Daten wie folgt einstuft (Abb. 3.1):

Die Basis der Pyramide stellen Zeichen dar, welche auf den klassischen Werten „0" und „1" basieren. Anhand einer Syntax, die eine sinnvolle Struktur der Zeichen bestimmt, entstehen aus den diversen Zeichenreihenfolgen konkrete Daten. Diese Daten können unternehmenseigenen Bereichen/Kunden bereitgestellt werden und damit bei der Erhöhung der Effektivität und Effizienz bestehender Geschäftsmodelle eine wertvolle Unterstützung leisten. Mithilfe

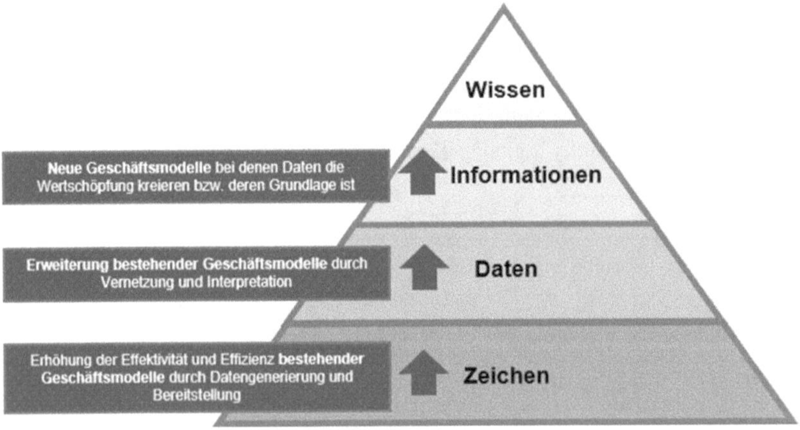

Abb. 3.1 Wissenspyramide (vgl. Hufnagl in Anlehnung an Knauer)

einer definierten Semantik können aus Daten einzigartige Informationen sichtbar gemacht werden. Hier beginnt die Erweiterung bestehender Geschäftsmodelle durch eine weiterführende Vernetzung und Interpretation, z. B. durch das zur Verfügung stellen der Daten und Informationen an externe Interessenten. Die Spitze der Pyramide stellt neu generiertes Wissen dar. In diesem Schritt bilden die neu gewonnenen Daten die Basis der Wertschöpfung ab und bieten damit die Grundlage, neue Geschäftsmodelle aufzusetzen. Der Weg dahin ist meist durch komplexe Prozesse gekennzeichnet: Informationen werden erst durch Interpretation, Datenvernetzung und -verdichtung zu neuem Wissen. In diesem Prozess kann die spitz zulaufende Pyramide auf die Prozesse übertragen werden. Zunächst ist eine breite Basis an Daten notwendig, um aus bestehenden Daten Wissen in konzentrierten Prozessen zu extrahieren. Zu erwähnen ist, dass die Wissenspyramide ursprünglich auf der Annahme basiert, dass der schrittweise Wandel von Zeichen zu Wissen vor allem durch den menschlichen Verstand und dessen Erfahrungsschatz vollzogen wird. (Knauer 2015) Dieser Ansatz der Interpretation der Daten wird allerdings durch die Entwicklung künstlicher Intelligenz maßgeblich revolutioniert, in dem diese entweder das menschliche Handeln ergänzt, Handlungsvorschläge unterbreitet oder gar ersetzt.

3.1.1.2 Digitalisation, Digitalisierung und digitale Transformation

Kombiniert man nun diese Wissenspyramide mit den drei Aspekten Digitalisation, Digitalisierung und digitaler Transformation, erweitert sich die Wissenspyramide wie folgt (Abb. 3.2):

Im ersten Schritt der Abb. 3.2 erfolgt der Übertrag von Zeichen zu Daten anhand einer Syntax im Rahmen der Digitalisation. Diese beinhaltet die Umwandlung analoger in digitale Daten mithilfe digitaler Technologien. Die Daten werden im nächsten Schritt zu Informationen kombiniert. (Knauer 2015) Die gewonnenen Informationen dienen im Sinne einer effizienten Digitalisierung einer Prozessanalyse und -optimierung. Hierbei stehen die Reduzierung bzw. Eliminierung von Verschwendung im Fokus.

Das Prinzip der Pyramide gilt ebenso in Kombination mit den Stufen der Digitalisierung: Der Schritt hin zur deren Spitze ist komplex. Die digitale Transformation beinhaltet eine Vernetzung aller Akteure der Wertschöpfungskette und geht über die reine Prozessoptimierung hinaus. Durch das generierte Wissen mithilfe der digitalen Technologien werden neue Prozesse und teils neue Geschäftsfelder geschaffen. Dabei finden die Technologien bei allen relevanten Ressourcen wie Gütern, Werkzeugen oder Transportmitteln ihren Einsatz. Prozessbeteiligte Personen sind ebenso mitinbegriffen. Diese Vernetzung aller am

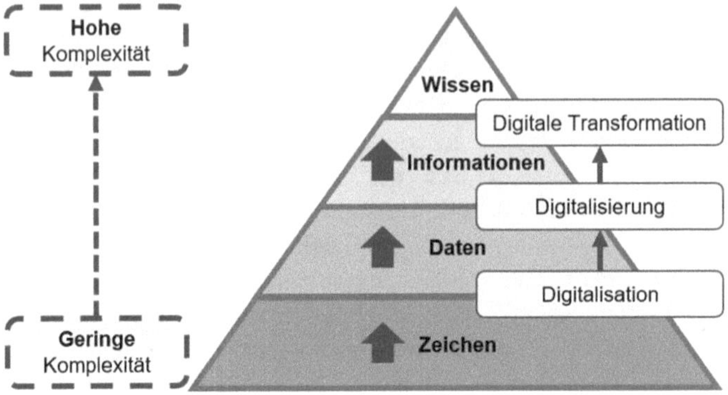

Abb. 3.2 Wissenspyramide unter Berücksichtigung der Digitalisierungsstufen

Wertschöpfungsprozess beteiligter Ressourcen und Personen bildet die Grundlage cyberphysischer Systeme.

Häufig ist der Drang in den Unternehmen hin zu einer digitalen Transformation groß und letztlich in vielen Fällen auch notwendig, um in einigen Branchen beständig und zukunftsorientiert am Markt zu bleiben. Allerdings ist der stufenweise Aufbau wie ihn die Pyramide symbolisiert an dieser Stelle ausschlaggebend. Eine fundierte digitale Transformation basiert auf den vorgelagerten Schritten. Nur eine valide Datenbasis und im Rahmen der Digitalisierung wertschöpfungsoptimierte Prozesse bietet eine effiziente und erfolgreiche Basis zur digitalen Transformation. Den grundlegenden Einfluss einer stufenweisen Umsetzung auf die Entscheidungsfindung von Unternehmen wird im folgenden Kapitel genauer erläutert.

3.1.2 Einfluss auf Entscheidungen durch digitale Daten

Der geschilderte Aufbau der Digitalisierung in Bezug auf Wissen hat massiven Einfluss auf die Güte der Datenbasis, welche für ein Unternehmen zur Entscheidungsfindung herangezogen werden kann. Je tiefgreifender das Wissen über die Prozesse und deren Umstände, desto genauer können relevante Entscheidungen in diesen Prozessen getroffen werden. Abb. 3.3 veranschaulicht diesen Zusammenhang:

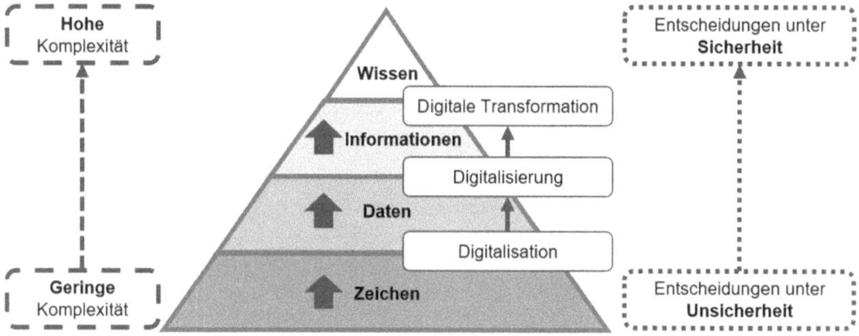

Abb. 3.3 Erweiterung der Wissenspyramide auf die Entscheidungsfindung

Verknüpft man die Aspekte der Wissenspyramide, der Komplexität und der Entscheidungsfindung miteinander, ergibt sich folgende Schilderung für die einzelnen Stufen:

Zeichen und Daten // Digitalisation

Liegen keine relevanten Daten oder Zeichen vor, so werden Entscheidungen aufgrund nicht vorhandener Kenntnisse unter absoluter Unsicherheit getroffen. In den ersten beiden Stufen der Pyramide wird die Entscheidungsfindung in einem ersten Schritt transparenter gestaltet. Hierbei kommen Zeichen zum Einsatz, welche mithilfe digitaler Technologien gesammelt wurden. Zusätzlich erfolgen bei Bedarf eine Vereinheitlichung und eine Standardisierung der Zeichen in eine stabile, übermittelbare Form. Somit ist eine Konnektivität gegeben, welche eine Übermittlung zwischen den beteiligten Systemen ermöglicht und eine Interoperabilität sicherstellt. Diese ist ausschlaggebend, um beteiligte Akteure in den Prozessen zu vernetzen und die Basis für einen Informationstransfer zwischen verschiedenen Abteilungen und Unternehmen zu schaffen. In einem weiterführenden Schritt entstehen aus diesen Zeichen lesbare Daten, welche die Grundlage für eine Transparenz der Prozesse schaffen. Diese fördert eine effektivere und effizientere Durchführung von Prozessen, da relevante Entscheidungen auf Grundlage generierter Daten getroffen werden können. (Hufnagl 2022).

Informationen // Digitalisierung

Im nächsten Schritt werden die Daten mit bereits vorhandenen, an anderer Stelle gesammelten, Daten verknüpft. Dieses Netz standardisierter Daten bilden Informationen, welche sich wiederum im Kontext eines Informationsgeflechtes als nutzbringende Grundlage für eine Entscheidungsfindung heranziehen lassen. Somit steigt in diesem Schritt wiederum der Grad an Transparenz bzw. die Möglichkeit, Entscheidungen unter valideren Annahmen zu treffen. Daraus ergeben sich durch die Analyse vorhandener Informationen die Potenziale für eine Prozessoptimierung und effizientere Prozessgestaltung. Hierbei steigt die Komplexität der Prozesse, was ein tiefergreifendes Verständnis der Wertschöpfungskette notwendig macht. Dieses Prozessverständnis entfaltet neue Möglichkeiten, welche den Weg für eine Erweiterung und Neuerfindung der bestehenden Geschäftsmodelle im Sinne einer digitalen Transformation ermöglichen. (Hufnagl 2022).

Wissen // digitale Transformation
Prinzipiell umfasst der Begriff der digitalen Transformation kein geschlossenes Konzept. In jüngster Zeit hat sich das Verständnis durchgesetzt, dass diese Transformation eine disruptive Wirkung auf bestehende Geschäftsmodelle innehat und somit zu einer Erweiterung der Geschäftszweige zur Folge hat. (Nicolai und Schuster 2018; Meudt et al. 2016) Somit fußt dieser Wandel auf dem grundlegenden Einsatz qualitativ hochwertiger gesammelter Daten und Informationen, welche mithilfe von Entscheidungen zu qualitativ hochwertigen Prozessen führen. (Meudt et al. 2016) Aufgrund der steigenden Komplexität dieser Zusammenhänge ist die digitale Transformation eine Managementaufgabe. Und auch hier gilt: Steigt der Grad an Komplexität der zu treffenden Entscheidungen, können diese unter einem höheren Maß an Sicherheit getroffen werden, liegen die richtigen Informationen in einer der Situation angepassten Tiefe vor. Entsprechend aufbereitet unterstützen sie bei einer validen Entscheidungsfindung. (Hufnagl 2022).

3.1.3 Ausblick und weitere Entwicklungsstufen

Mithilfe digitaler Technologien gewonnener Daten und abgeleiteter Informationen wird eine Entscheidungsfindung unter weitestgehend sicheren Umständen möglich. Eine weiterführende Nutzung im Sinne einer digitalen Transformation führt zu der Entwicklung neuer Geschäftsmodelle, welche eine Zukunftsfähigkeit am Markt gewährleisten.

Die entwickelte Pyramide, die die Zusammenhänge darstellt, bildet somit eine entscheidende Wertschöpfungsarchitektur und Grundlage der Ausrichtung von Unternehmen. Die Neuerung ist, dass Daten und deren Vernetzung in das Zentrum der Geschäftsmodelle rücken. Unternehmen erzielen mit ihrer Hilfe einen Mehrwert, der auf dem Markt auf Nachfrage stößt und für welchen der Kunde bereit ist zu bezahlen. Der dargestellte, stufenweise Ausbau dieser Pyramide hat in den unteren Stufen Jahre oder gar Jahrzehnte in Anspruch genommen. Für die weitere Entwicklung und die Erhaltung der Marktfähigkeit von Unternehmen gilt es, diese Entwicklungsdauer auf ein Minimum zu reduzieren und von den bisherigen Erfahrungen aus anderen Bereichen bzw. Branchen zu profitieren. (Hufnagl 2022).

3.2 Lokalisation, Identifikation und Zustandsermittlung als Basis der Digitalisierung

3.2.1 Vorüberlegungen: Grundlage erfolgreicher Digitalisierungsprojekte

Um Prozesse zu verbessern und den Grad der Wertschöpfung zu erhöhen, ist eine Basis aus Lokalisation, Identifikation und einer Zustandsermittlung in Echtzeit essenziell. Diese ist ausschlaggebend für die Transparenz in Prozessen und bezieht sich auf darin enthaltene Bestandteile und Akteure wie Güter, Personen, Maschinen bzw. Werkzeuge und Hilfsmittel. Entscheidend ist, diese drei Faktoren bei der Prozessoptimierung bzw. einer ganzheitlichen digitalen Transformation von Prozessen zu berücksichtigen. (Hufnagl et al. 2021) Wie im Kapitel der Digitalisierung beschrieben, hat eine gesteigerte Prozesstransparenz eine enorme Auswirkung auf die Entscheidungsfindung in Prozessen. Somit spezifiziert dieses Kapitel der Digitalisierung, da die Basis aus Lokalisation, Identifikation und Zustandsermittlung in Echtzeit eine solide Struktur der Digitalisierungsstufen erst ermöglicht. Hierfür wird zunächst die Notwendigkeit der drei Bestandteile geschildert.

3.2.1.1 Notwendigkeit der Lokalisierung: Ortung von Objekten

Generierte Daten stehen im Mittelpunkt für eine Prozessoptimierung und -weiterentwicklung im Sinne der Digitalisierungsstufen. Diese Daten sind über die gesamte Prozesskette hinweg zu erheben, um die Planung, Steuerung und Kontrolle der Prozesse jederzeit gewährleisten zu können. Innerhalb der geschilderten Prozesskette ist eine Lokalisierung der eingesetzten Ressourcen und Güter essenziell. Für eine Prozessoptimierung ist folgende Fragestellung wichtig: Wo befindet sich das zu betrachtende Objekt Gut im Prozess? Durch die genaue Lokalisierung lassen sich Grundlagen für eine fundierte Entscheidung treffen. Es kann beispielsweise beurteilt werden, ob das betrachtete Objekt im Vergleich zu anderen besser geeignet ist, einen anstehenden Prozess aufgrund der bestehenden

Entfernung durchzuführen. Ebenso können anstehende Prozesse bzgl. der Reihenfolge ihrer Durchführung optimiert werden. Ein weiterer Vorteil liegt in der Vermeidung von Suchaufwänden, da der genaue Ort des Objektes bekannt ist.

3.2.1.2 Notwendigkeit der Identifikation: Eindeutige Zuordnung von Objekten

Lokalisierte Objekte in Prozessen müssen eindeutig identifizierbar sein. Mithilfe dieser Identifizierbarkeit ist es möglich, Durchlaufzeiten in Prozessen eindeutig zu erfassen. Ansonsten besteht zwar die Kenntnis, dass sich ein Objekt im Prozess befindet, aber es ist keine eindeutige Unterscheidung möglich und somit keine individuelle Zuordnung. Ein Objekt sollte eindeutig definiert werden. Dieses Objekt existiert folglich nur ein einziges Mal. Es reicht nicht, nur die Kategorie der Objekte festzulegen, da häufig die Prozessschritte i. d. R. ein ganz bestimmtes Objekt betreffen. Hierdurch lassen sich die Merkmale genau zuordnen. Beispielsweise können zeitlich bedingte Wartungsintervalle für Anlagen anstehen, die nur durch die Eindeutigkeit festgestellt werden können. Personen, die über die geforderten Fähigkeiten verfügen, ein Problem zu beseitigen, können gezielt identifiziert werden.

3.2.1.3 Notwendigkeit der Zustandsermittlung: Datenübermittlung in Echtzeit

Eine Zustandsabfrage in Echtzeit bedeutet, dass die Daten zum notwendigen Zeitpunkt der Abfrage vorhanden sind. Dadurch ist es möglich, von einer reaktiven auf eine proaktive Prozesssteuerung umzustellen und Verschwendungspotenziale aktiv zu reduzieren. Somit ist der Baustein der Echtzeit als Faktor der Digitalisierung und damit einhergehender Automatisierung essenziell. Bei allen Entscheidungen ist es von besonderer Bedeutung, ob das zu betrachtende Objekt zum geforderten Zeitpunkt verfügbar und einsatzbereit ist. Es muss sichergestellt sein, dass der anstehende Prozessschritt durchgeführt werden kann. Wird beispielsweise ein Transportauftrag an einen fahrerlosen Transportwagen gegeben, obwohl die vorhandene Batteriekapazität nicht für die Durchführung ausreicht, so führt dies zwangsläufig zur Prozessinstabilität. Aktuelle Daten über den Zustand der zu betrachtenden Objekte beeinflussen folglich die Entscheidung in erheblichem Maß.

3.2.2 Theoretische Funktionsweise: Aufbau des Basisdreiklangs

Basierend auf den Schilderungen lässt sich der Basisdreiklang für eine erfolgreiche Digitalisierungsstruktur wie folgt festhalten: Die Bestandteile der Identifikation, der Lokalisation und der Zustandsermittlung sind über eine zentrale Datenerfassung miteinander verbunden und erfordern eine Informationsübertragung in Echtzeit. Dabei müssen die erfassten Daten zentral in einem vorhandenen System gesammelt, verarbeitet und gespeichert werden (Abb. 3.4).

Abb. 3.4 stellt den Aufbau des Basisdreiklangs für die Datenerhebung in Prozessketten schematisch dar. Dabei erlauben die drei Faktoren der Identifikation, Lokalisation und Zustandsermittlung die Beantwortung folgender Fragestellungen (Hufnagl et al. 2021):

- Identifikation: *Um welche(s) Person/Material/Gut/Werkzeug/Transportmittel handelt es sich? Wird es für den aktuellen Bedarf benötigt?*
- Lokalisation: *Wo befindet sich die(das) Person/Material/Gut/Werkzeug/Transportmittel*
- Zustandsermittlung: *Wie ist der Zustand der Person, dem Material/Gut/Werkzeug/Transportmittel/Funktion*

Bedeutsam dabei ist, dass die erhobenen Daten bzw. Informationen zentral in einem IT-System gespeichert werden und in Echtzeit verfügbar sind. Echtzeit bedeutet in diesem Zusammenhang, dass die Informationen über die Prozesskette hinweg genau zum jeweiligen Bedarfszeitpunkt verfügbar und abrufbar sind.

Entscheidend ist, wie diese dargestellten Faktoren in die Praxis umgesetzt werden. Digitale Technologien spielen dabei eine tragende Rolle. Hierbei ist die

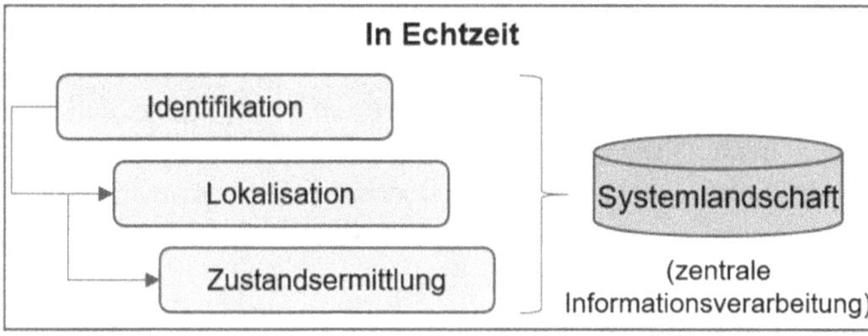

Abb. 3.4 Basisstruktur der digitalen Datenerhebung in Prozessketten (Hufnagl et al. 2021)

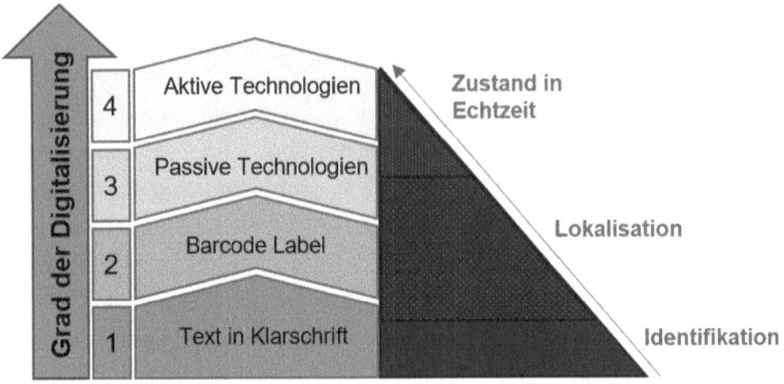

Abb. 3.5 Zusammenhang der Basisfaktoren und des Digitalisierungsgrades

Auswahl von aufeinander abgestimmten Technologien und passender Schnittstellen für den Anwendungsfall ausschlaggebend. Der Grad der Digitalisierung kann für die drei Faktoren in Stufen visualisiert werden, wie in Abb. 3.5 dargestellt ist.

Stufe 1

In der ersten Stufe ist der Grad der Digitalisierung am geringsten. Digitale Technologien werden noch nicht verwendet. Eine erste Identifikation von Prozessbeteiligten ist mithilfe von angebrachten Labels mit Text in Klarschrift bereits möglich. Hierbei ist die eindeutige Bezeichnung des Werkzeugs, Materials oder Gutes im Prozess notwendig. Eine digitale Weiterverarbeitung dieser Information ist nicht möglich.

Stufe 2

Im nächsten Schritt werden die papierbasierten Labels durch Barcode-Label ersetzt. Daten werden mithilfe von Barcodes verschlüsselt und mithilfe von Scannern digital verwertbar. Die enthaltenen Informationen sind auswertbar und zentral in den vorhandenen Datenbanken und Systemen gespeichert. Durch den Einsatz erster Technologien steigt der Digitalisierungsgrad. Sind Scanner an fest definierten Plätzen entlang der Prozesskette implementiert, so ist an dieser Stelle eine erste Lokalisation möglich. Diese ist punktuell und an einen definierten Zeitpunkt – den Zeitstempel des Scans – geknüpft. Meist finden die Scans manuell statt, weshalb der Aspekt der Automatisierung als rudimentär einzustufen ist.

Stufe 3

In der dritten Stufe kommen passive digitale Technologien wie beispielsweise passive RFID-Tags zum Einsatz. Das Auslesen der auf den Tags enthaltenen Informationen erfolgt dabei automatisiert mithilfe von fest installierten Gates. Sobald prozessrelevante Güter, Personen, Materialien oder Werkzeug das Gate passieren, wird die Information automatisiert ausgelesen. Wie auch in Stufe zwei liegt jeweils nur der fixe Zeitpunkt der Buchung zur Lokalisation vor. Allerdings entfällt der manuelle Scan-Vorgang, weshalb der Digitalisierungsgrad höher einzustufen ist. Je nachdem, wie die Gates in den Unternehmen verteilt sind, ist der Zeitstempel sehr genau und kann einer Echtzeiterfassung nahekommen. Ein weiterer Vorteil ist die Möglichkeit, die Daten auf den Labels jederzeit ändern zu können. Somit ist ein erster Schritt hin zur Zustandserfassung der mit RFID-Label versehenden Ressource möglich.

Stufe 4

Der höchste Digitalisierungsgrad wird in Stufe vier mithilfe aktiver Technologien erreicht. Zum Einsatz kommen dabei beispielsweise Bluethooth-Beacons oder andere aktive RFID-Label. Zentral im Unternehmen installierte Gates erfassen permanent die Informationen in der Reichweite. Voraussetzung dafür ist, dass die gesamte Gebäudestruktur mit diesen Lesegeräten abgedeckt wird. In diesem Fall sind die Informationen zu Ort und Identifikation in Echtzeit verfügbar. Ebenso wie bei den passiven Technologien, können die Informationen auf dem Datenträger verändert werden, sodass der aktuelle Zustand der Ressource bzw. des Gutes ebenfalls zu erfassen sind. Daraus ergibt sich, dass eine Zustandsmessung in Echtzeit über die gesamte Wertschöpfungskette möglich ist.

Je höher der Digitalisierungsgrad bzw. die jeweilige Stufe, desto mehr Daten sind in kürzeren Zeiträumen verfügbar. Somit liegen zu jedem Zeitpunkt der Prozesskette Informationen vor, welche für eine valide Entscheidungsfindung herangezogen werden können. Wie im Kapitel der Digitalisierung beschrieben, ist somit eine Entscheidung unter Sicherheit möglich. Einzuschränken ist diese Tatsache dahingehend, dass eine Informationsflut die Entscheidungsfindung negativ beeinflussen kann. Somit gilt der Grundsatz, dass ebenso die Informationsgüte bei den erhobenen Daten berücksichtigt werden muss. Hier gelten die 6R der Logistik im Übertrag auf die Informationen: Die richtige Information mit der richtigen Menge, zur richtigen Zeit am richtigen Ort in der richtigen Qualität zum richtigen Preis.

3.2.3 Beispiel: Bettgestellmanagement im Krankenhaus

Beispielhaft wurde die Notwendigkeit dieses Dreiklangs im Rahmen des BMBF geförderten Projekts Hospital 4.0 anhand des Bettgestell-Managements eines Krankenhauses evaluiert. Dieser Dienstleistungsprozess ist Teil der Bettenlogistik eines Krankenhauses im Betten- und Belegungsmanagement, welches die Patientenströme eines Krankenhauses steuert. Ziel des Bettgestell-Managements ist es, alle Patienten mit dem passenden Bettgestell nach individuellen Kriterien (Gewicht, Alter, Krankheitsbild) auszustatten. (Baier et al. 2021).

Mithilfe der Modellierungssprache Value Stream Model and Notation (VSMN) – siehe Abschn. 2.3 – wurden zunächst die logistischen Bettgestellprozesse des Krankenhauses aufgenommen und deren IST-Zustand erhoben. Dabei bestand die Herausforderung, alle Faktoren des Dreiklangs adäquat darzustellen.

Der Einsatz des Dreiklangs ermöglichte die Gestaltung schlanker und transparenter Prozesse.

Im Optimierungsprozess wird das durch die Identifizierung von Verschwendung – beispielsweise von Überkapazitäten von Bettgestellen – ersichtlich.

Die IST-Analyse mithilfe der VSMN zeigte dabei auf, dass es durch Intransparenz zu Suchzeiten geeigneter Bettgestelle oder passender Anbauteile sowie nachträglichen Anpassungsarbeiten kommt. Ebenso treten täglich Verschwendungen aufgrund nicht vorhandener Informationen auf: Es fehlt an Transparenz über die Bettenverfügbarkeit, deren Standort und Zustand (frei, belegt, verschmutzt, etc.). Dieser Mangel an Transparenz führt zum Aufbau von Puffern, welche Fläche und Kapital binden und zu Hygienerisiken im Krankenhaus führen. Nach dieser IST-Analyse entsteht eine Vision, in der ein vollständig vernetztes Krankenhaus mithilfe vorhandener digitaler Technologien Transparenz in die Prozesse bringt.

Um diesem Idealzustand möglichst nahe zu kommen, ist eine Erhöhung des Digitalisierungsgrades mithilfe aktiver digitaler Technologien erforderlich. Dafür wurden Bluetooth-Beacons getestet, welche an den Bettgestellen angebracht wurden und mit der vorhandenen Infrastruktur als cyber-physisches System agieren können. Dies ermöglicht die Lokalisation, Identifikation und Zustandsermittlung in Echtzeit mithilfe der zentral im System verfügbaren Daten. Somit kann jederzeit abgerufen werden, wo sich ein gewünschtes, freies Bettgestell mit den benötigten Ausstattungsmerkmalen befindet. In Folge dessen entfallen Suchzeiten sowie zusätzliche Umbauarbeiten und das Personal kann sich auf seine eigentlichen wertschöpfenden Tätigkeiten konzentrieren. Mithilfe der nun verfügbaren Daten können über die kurzfristige Verwendung hinaus Prognosen über den zukünftigen Bedarf unter Berücksichtigung verschiedener äußerer Faktoren erstellt werden. Ebenso können notwendige Wartungszyklen hinterlegt werden. Dies wiederum ermöglicht die Planung effizienter Arbeitspläne für das beteiligte Personal wie dem Hol- und Bringdienst sowie der Bettenreinigung. Puffer können reduziert und Flächen eingespart werden. In Summe führt dies zu erhöhter Stabilität und Planbarkeit der Prozesse. (Hufnagl 2021).

In der Projektdurchführung war festzustellen, dass es nicht ausreicht, einzelne Elemente des Dreiklangs zur Verfügung zu stellen. Erst eine gleichberechtigte Berücksichtigung ist für einen nachhaltigen Erfolg ausschlaggebend.

3.2.4 Ausblick und weitere Entwicklungsstufen

Die für die Lokalisation, Identifikation und Zustandsermittlung in Echtzeit notwendigen digitalen Technologien sind bereits relativ lange am Markt erhältlich. Hohe Stückkosten und dafür ungeeignete Prozessgestaltung haben bisher dafür gesorgt, dass viele Branchen im Bereich des Digitalisierungsgrades noch ein hohes Potenzial aufweisen.

3.3 Digitale Technologien

3.3.1 Definition

Das zurückliegende Jahrzehnt war insbesondere durch eine rasante technologische Entwicklung in allen Lebensbereichen geprägt und hat eine Vielzahl an digitalen Technologien hervorgebracht, die Unternehmen zwingen, bestehende Regeln zu überdenken. Unter digitalen Technologien versteht man neben neueren Technologien, wie Künstlicher Intelligenz (KI), dem Internet der Dinge (IdD) und der Blockchain, auch bereits etabliertere Technologien, wie den Sozialen Medien.

Digitale Technologien haben drei Haupteigenschaften (Yoo et al. 2010), die sie beispielsweise von Bio- oder Nanotechnologien unterscheiden:

- **Homogenisierung digitaler Daten (Homogenization of data)**
  Im Gegensatz zu analogen Daten, die eine enge Kopplung zwischen Daten (z. B. Bilder) und Geräten zur Speicherung oder Verarbeitung vorsehen, werden bei der digitalen Darstellung analoge Signale in Binärziffern umgewandelt und somit auf ein einheitliches Format gebracht. Dies ermöglicht die Verarbeitung beliebiger digitaler Inhalte (Audio, Video, Text, Bild) durch dieselben digitalen Geräte und Netze.
- **Möglichkeit zur Umprogrammierung (Reprogammability)**
  Im Gegensatz zu nicht-digitalen Geräten können digitale Artefakte nach Bedarf (um)programmiert werden. Dies ermöglicht die Trennung der Funktionslogik eines Geräts von seiner physischen Ausgestaltung und bietet dadurch

die Flexibilität, viele verschiedenen Funktionen mit ein und demselben Gerät auszuführen.

- **Selbstreferenzielle Natur (Self-referential nature)**
  Digitale Innovationen erfordern den Einsatz digitaler Technologie. Dieser selbstreferentielle Charakter schafft Netzwerkeffekte und beschleunigt die Entwicklung und Verbreitung von digitalen Technologien.

Während vielmals die Chancen, welche die Nutzung dieser Technologien eröffnet, betont werden, birgt die Nutzung gleichzeitig große Herausforderungen für etablierte Unternehmen. Insbesondere hinsichtlich der effizienten Prozessgestaltung und der Potenzialidentifizierung durch neue Geschäftsmodelle besteht bei vielen dieser Unternehmen der Bedarf an innovativen Konzepten und Lösungen, um nicht durch große internationale Wettbewerber vom Markt gedrängt zu werden. In diesem Kapitel sollen drei wichtige digitale Technologien mit großem Potential für die Wertschöpfungskonzentration näher beleuchtet werden: Internet der Dinge, Künstliche Intelligenz und Blockchain.

3.3.2 Internet der Dinge

3.3.2.1 Definition und Funktionsweise

Die Jalousien werden morgens zur vordefinierten Uhrzeit hochgefahren, die Haustür schließt sich automatisch ab und im Auto erhält das vernetzte Auto Informationen zur Verkehrslage und aktualisiert bei Bedarf die Streckenführung. All diese intelligenten und vernetzten Geräte gehören zum Internet der Dinge, besser bekannt unter der englischen Bezeichnung Internet of Things (IoT). Es bezeichnet die Vernetzung alltäglicher physischer Objekte mit dem Internet. Durch diese Vernetzung werden neue Interaktionsmöglichkeiten zwischen Dingen, Unternehmen und Individuen geschaffen, wodurch sie oftmals als Grundlage für die Anwendung von Künstlicher Intelligenz in modernen Produktionssystemen dient. Die intelligenten Geräte und Maschinen erfassen dabei wichtige Informationen aus ihrer Umgebung oder von anderen Systemen und können basierend darauf vordefinierte Aktionen durchführen. So kann ein intelligentes Thermometer die Außentemperatur erfassen und bei Sonne automatisiert die Jalousien herunterfahren, ohne dass ein Mensch eingreifen muss. Bei Bedarf können die Geräte aber auch aus der Ferne, beispielsweise über eine App auf dem Smartphone, gesteuert werden.

Ermöglicht wird dies durch die Ausstattung physischer Objekte mit Sensoren, Aktoren und Rechenleistung sowie der Anbindung an das Internet (Madakam et al. 2015). Die Sensoren umfassen Mess- und Eingabegeräte, wie beispielsweise Verbrauchszähler oder Temperaturmesser, welche Daten erfassen und diese Informationen mit Befehlen an die Aktoren weiterleiten, die diese ausführen. Die physischen Objekte werden dadurch zu intelligenten Objekten, die im allgemeinen Sprachgebrauch auch als „Smart Things“ bezeichnet werden. Durch die zusätzlichen Daten, die von den Geräten generiert werden und der zunehmenden Vernetzung und Verschmelzung der digitalen und physischen Welt, entstehen neue Geschäftsmodelle. Smart Things finden sich heutzutage überall: Im Privathaushalt, in Fahrzeugen, in der Produktion oder auch im Gesundheitswesen. Ziel der Geräte ist es, das Leben und Prozesse einfacher, komfortabler und effizienter zu gestalten. In seiner jetzigen Form ist das IoT erst durch den rasanten technologischen Fortschritt der vergangen zwei Jahrzehnte ermöglicht worden und entwickelt sich stetig weiter. Bereits 2008 hat die Zahl der mit dem Internet verknüpften Geräte die Anzahl der Menschen überholt und man rechnet mit rund 75 Mrd. Smart Things im Jahr 2025 (cisco 2019). Der Begriff IoT wird dabei oft als Synonym für den Begriff Industrie 4.0 verwendet. Tatsächlich ist das Internet der Dinge, zusammen mit anderen Technologien wie künstlicher Intelligenz und Cloud Computing, aber die Grundlage und Voraussetzung für diese vierte industrielle Revolution (Da Xu et al. 2018).

3.3.2.2 Anwendungsfälle, Chancen und Herausforderungen

Intelligente Maschinen, Datenspeicher und Betriebssysteme, die selbstständig Daten austauschen und sich selbst steuern, sind eine Wunschvorstellung für Unternehmen und haben das Potenzial für mehr Produktivität bei geringeren Kosten. Das Internet der Dinge ermöglicht Unternehmen, ihr Produktportfolio flexibler und ihre Produktionsprozesse schneller zu gestalten. Dazu braucht es aber sowohl die entsprechende Infrastruktur als auch detaillierte Prozesskenntnisse.

Für die Wertschöpfungskonzentration ist insbesondere die Anwendung von IoT im industriellen Kontext, auch Industrial IoT genannt (IIoT), relevant. Im Gegensatz zur Verbraucherorientierung des klassischen IoT, liegt der Fokus hier auf der Anwendung im Industrie- und Produktionsumfeld und bezieht sich auf ein Netzwerk miteinander verbundener Maschinen und industrieller Geräte. Diese werden dafür mit Sensoren ausgestattet, die Daten über die Leistung oder Effizienz erfassen und an eine zentrale Instanz weitergeben. Dies ermöglicht die Überwachung der Maschinen sowie die Maschine-zu-Maschine Kommunikation. In der heutigen Zeit stehen Unternehmen vor der Herausforderung, individualisierte Produkte bei kurzen Markteinführungszeiten und verbesserter Qualität zu produzieren. Intelligente Produktion – basierend auf IoT- und Netzwerktechnologien sowie Produktionsdaten – zielt dabei auf Effizienzsteigerungen, z. B. durch verbesserte und automatisierte Prozesse, oder Kostenreduktion ab. IIoT kann in verschiedenen Industriebereichen und über die gesamte Wertschöpfungskette hinweg eingesetzt werden. So können auf Basis der erhobenen Daten beispielsweise Schwachstellen oder Automatisierungspotentiale aufdeckt werden. Wo Automatisierung klassischerweise zur Durchführung von bisher manuellen Aufgaben genutzt wird, wird sie im Kontext von IIoT zur Überwachung, Messung und Bewertung der Effizienz von Prozessen und Anlagen verwendet. Dafür werden intelligente Sensoren in Kombination mit Automatisierungstools eingesetzt, um beispielsweise Maschinendaten zu erheben und zur Analyse der Leistungsdaten an entsprechende Anwendungen zu übermitteln. Dies ist für Unternehmen ökonomisch relevant, da mithilfe der Daten eine Verbesserung der operativen und betriebswirtschaftlichen Effizienz erlangt werden kann.

Zur Veranschaulichung der neuen und innovativen Geschäftsfelder, die durch IIoT entstehen, werden im Folgenden konkrete Beispiele vorgestellt:

- Intelligente Anlagen können selbstständig erkennen, wann eine Wartung erforderlich ist und diese teilweise auch selbst durchführen. Diese Anwendung ist auch unter dem Namen **Predictive Maintenance** (Vorausschauende Instandhaltung) bekannt (Kanawaday und Sane 2017). Dafür werden sie mit intelligenten Sensoren ausgestattet, die kontinuierliche Daten wie Temperatur oder Druck messen, in die Cloud senden und dort mit weiteren Daten zum Modell, der Nutzung und Wartung in Kontext setzen. Auf Basis der Daten und mithilfe von Algorithmen kann dann einen Ausfallzeitpunkt antizipiert und somit eine rechtzeitige Reaktion angestoßen werden. Im Ergebnis reduzieren sich Ausfallszeiten durch Störungen bei gleichzeitiger Steigerung von Kapazität und Durchsatz.
- Speziell in der Logistik kommt IIoT beim **Lager- und Bestandsmanagement** zum Einsatz. Intelligente Sensoren können Lagerbestände in Echtzeit abrufen und die Einhaltung bestimmter Lagerbedingungen wie Mindest- oder Maximaltemperaturen laufend überprüfen und automatisiert Warnungen versenden. Auch Warenlieferungen können in Echtzeit getrackt werden und die gesammelten Daten zur Analyse von Verzögerungen und Engpässen genutzt werden (Song et al. 2021).
- Maßgeschneiderte und digital ermöglichte Lösungen führen zu Wettbewerbsvorteilen und entscheiden über das zukünftige Überleben von Unternehmen (Ciriello et al. 2018). In diesem Zusammenhang führen **Smart Service Innovationen,** eine Ausprägung der Digitalen Innovation, die als Kombinationen aus physischen Produkten und digitalen Dienstleistungen definiert sind, zu

verbesserten und neuen Wertangeboten, verstärken die Kundeninteraktion und eröffnen so neue Marktchancen (Allmendinger und Lombreglia 2005).

Industrial IoT bietet neben Predictive Maintenance sowie Lager- und Bestandsmanagement viele Chancen zur industriellen Automatisierung vor dem Hintergrund der digitalen Transformation. Das Spektrum reicht dabei von der Ergänzung der reinen Datenerfassung durch IoT-Technologie bis zur Entwicklung neuer Geschäftsmodelle basierend auf IoT-Technologie. Allerdings ist der erfolgreiche Einsatz digitaler Technologien keine Selbstverständlichkeit: vermeintlich hohe Investitionssummen, unqualifizierte Mitarbeiter und Sicherheitsbedenken können als Hürden wirken. Somit stehen dem Einsatz von IIoT Risiken und Herausforderungen gegenüber, die es zu managen gilt. Im Vordergrund stehen dabei insbesondere rechtliche Themen rund um Cybersicherheit und Datenschutz, technische Themen wie Zuverlässigkeit, Stabilität und Kompatibilität sowie persönliche und kulturelle Themen rund um die Mensch-Maschine Interaktion.

Die Verbindung technischer Systeme mit dem Internet setzt die Übertragung von Daten voraus, wobei die Sicherheit der zu übermittelnden Daten auf allen Ebenen gewährleistet werden muss. Es besteht zum einen das Risiko von unberechtigten Zugriffen auf sensible Daten, aber auch Cyberangriffe und bewusste Manipulation von Maschinen, Systemen oder ungeschützten Bauteilen. Dadurch werden im Extremfall nicht nur Daten entwendet, sondern ganze Lieferketten lahmgelegt. Um das Risiko vor Angriffen, wie Denial-of-Service-Attacken oder Schadsoftware zu minimieren, gilt es sowohl für die Architektur des IoT als auch für die einzelnen Komponenten diverse Sicherheitsaspekte zu beachten (Lu und Da Xu 2019). Dazu zählen unter anderem der Schutz einzelner Systeme durch Firewalls oder analoge Systeme, der Einsatz von Verschlüsselungstechnologien bei der Datenübertragung, strukturiertes Software- und Patchmanagement sowie ein durchdachtes und wirksames Zugriffsmanagement. Neben der Sicherheit der Daten, spielt, ähnlich wie im Process Mining, die Qualität der Daten eine große Rolle. Um eine sinnvolle Verarbeitung zu gewährleisten, sind verlässliche und vollständige Daten Grundvoraussetzung. Gleichzeitig stellt die schiere Menge an Daten und ihrer wertschöpfenden Verwendung und Verwertung Unternehmen vor Herausforderungen bei der Auswertung und es braucht zusätzliche Anwendungen aus dem Business Intelligence und Big-Data-Umfeld für die Verarbeitung und Aufbereitung. Daneben sorgen fehlende Standards und herstellerspezifische Produkte für Kompatibilitätsprobleme und es entstehende Abhängigkeiten zu bestimmten Anbietern. Aber auch kulturelle Aspekte sind nicht zu vernachlässigen. So braucht es Schulungen für Mitarbeiter zum Umgang mit den Geräten und gezieltes Change-Management.

Zusammenfassend bietet IoT viele Chancen für eine gezielte Wertschöpfung, gleichzeitig braucht es aber auch ein aktives Management der damit verbundenen Risiken, wobei insbesondere die Komponente Sicherheit und Datenschutz im Vordergrund steht.

3.3.3 Künstliche Intelligenz

3.3.3.1 Definition und Funktionsweise

Künstliche Intelligenz (KI) beschreibt die Fähigkeit von Anwendungen und Maschinen, Aufgaben zu übernehmen, die normalerweise menschenähnliche Intelligenz erfordern. Ziel dabei ist die Entwicklung sogenannter „intelligenter Agenten“, welche aus (Miss-)erfolgen kontinuierlich lernen, ihr Verhalten entsprechend anpassen und so selbstständig Probleme lösen können (Russell und Norvig 2003). KI-gestützte Assistenzsysteme, die Menschen bei der Durchführung von Tätigkeiten, wie beispielsweise Datenanalyse, unterstützen, gibt es in der Informatik schon lange, doch vor allem in den letzten Jahren haben sie zunehmend an Relevanz und Bedeutung gewonnen. Dies ist bedingt durch vier wesentliche Entwicklungen:

- **Benötigte Daten sind verfügbar und nutzbar:** Die im Rahmen von Digitalisierung entstehenden Daten, können mit Hilfe von Big Data Technologien für KI-Anwendungen genutzt werden.
- **Verbesserte Machine Learning Algorithmen:** Insbesondere durch Deep-Learning-Algorithmen wurden in den letzten Jahren signifikante Fortschritte erzielt.
- **Cloud-Dienste bieten die nötige Rechenleistung an:** Cloud-Dienste bieten eine schnelle, flexible und bezahlbare Nutzung von Rechenressourcen ohne größere Investitionen.
- **Die Anwendung von KI ist keine Raketenwissenschaft:** Es gibt performante (Open- Source-) Toolkits und Bibliotheken, die bei der Anwendung genutzt werden können.

In Hinblick auf den Autonomisierungsgrad sowie die Lernfähigkeit von Maschinen umfasst KI ein großes Spektrum. Dabei erfährt ein Teilbereich derzeit besonders viel Aufmerksamkeit: das maschinelle Lernen (Machine Learning). Dabei werden Systeme dahingehend trainiert, dass sie auf Basis bestehender externen Datenquellen Muster, Zusammenhänge und Regeln erkennen, aus diesen lernen und sie auf neue, unbekannte Datensätze anwenden können, um bestimmte

Aufgaben oder Ziele zu erfüllen. (Haenlein und Kaplan 2019) Um dieses selbstständige Lernen zu ermöglichen, müssen die Maschinen von Menschen mit Daten und Algorithmen versorgt werden. Es gibt eine Vielzahl an Einsatzmöglichkeiten der Technologie, viele wurden aber erst in den vergangenen Jahren durch die zunehmende Erhebung und dadurch Verfügbarkeit von großen Datenmengen ermöglicht. Dazu zählen beispielsweise die Verarbeitung natürlicher Sprache in Sprach- und Texterkennungssoftware oder Objekterkennung und -verarbeitung (Shinde und Shah 2018). Einen Durchbruch erzielte die Forschung im Jahr 2017, als das von Google entwickelte Programm *AlphaZero* das als unschlagbar geltende Schachprogramm *Stockfish* nach weniger als 24 h und nur mit den Spielregeln als Datenbasis besiegen konnte (Silver et al. 2017). Seitdem haben viele Unternehmen das Potenzial von KI-basierten Systemen erkannt und teils sogar neue Geschäftsmodelle entwickelt, die ausschließlich auf der intelligenten Nutzung von Daten beruhen.

3.3.3.2 Anwendungsfälle, Chancen und Herausforderungen

Laut einer repräsentativen Studie im Auftrag von PwC aus dem Jahr 2019 kann das deutsche BIP mittels KI-basierte Lösungen bis 2030 um über 11 % steigen – ein Potential von ca. 430 Mrd. EUR (pwc 2017) Die erwarteten Vorteile umfassen schnellere und präzisere Problemanalysen, beschleunigte Prozesse sowie einen geringeren Ressourcenverbrauch. Auch die Reduktion menschlicher Fehlerquellen und Fokussierung der Mitarbeiter auf wichtige Aufgaben wird als Vorteil erachtet. Vor allem im industriellen Kontext ergeben sich durch Künstliche Intelligenz aufgrund steigender Datenmengen und Auswertungsmöglichkeiten viele Potentiale und die Einsatzfelder sind vielfältig. Im Kontext der Wertschöpfung birgt insbesondere der Einsatz in Produktionsprozessen großes Automatisierungspotenzial. So kann KI einerseits Prozessverbesserungen und -automatisierungen unterstützen (beispielsweise mithilfe von Process Mining und Robotic Process Automation), aber auch bei der Wartung von Maschinen und Anlagen zum Einsatz kommen (vgl. Abschn. 1.1.2.2). In einer Studie hat McKinsey vier Kernbereiche innerhalb der Produktionsprozesse identifiziert, in den KI in der Zukunft zum Einsatz kommen kann: (McKinsey 2017)

- **Prädiktive Wartungssysteme:** Eine mit Hilfe von KI verbesserte prädiktive Wartung ermöglicht optimierte Vorhersagen und Vermeidung von Maschinenausfällen durch die Kombination von Daten aus IoT-Sensoren, Wartungsprotokollen und externen Datenquellen.
- **Kollaborative und kontextsensitive Roboter:** Kollaborative und kontextbewusste Roboter werden den Produktionsdurchsatz mit Hilfe von KI-gestützter

Mensch-Maschine Interaktion in arbeitsintensiven Umgebungen deutlich verbessern und die Poduktivität steigern.

- **Ertragssteigerungen in der Fertigung:** Durch die Verknüpfung und Auswertung zahlreicher Daten und Variablen über Maschinengruppen und Produktionssysteme hinweg werden Ausschussraten reduziert und Prüfkosten gesenkt.
- **Automatisierte Qualitätskontrolle durch KI-Einsatz:** Der Einsatz fortschrittlicher Bilderkennungstechniken zur Fehlererkennung ermöglicht signifikante Produktivitätssteigerungen.

Grundsätzlich gilt es bei künstlicher Intelligenz aber immer Chancen und Risiken miteinander abzuwägen. So schreibt die Europäische Kommission (Europäische Kommission 2020): „Angesichts der erheblichen Auswirkungen, die KI auf unsere Gesellschaft und die notwendige Vertrauensbildung haben kann, ist es von entscheidender Bedeutung, dass die europäische KI auf unseren Werten und Grundrechten wie Menschenwürde und Schutz der Privatsphäre fußt. Zudem sollten die Auswirkungen von KI-Systemen nicht nur aus dem Blickwinkel des Einzelnen betrachtet werden, sondern auch aus der Perspektive der gesamten Gesellschaft." Künstliche Intelligenz wird insbesondere im Bereich des Verbraucherrechts und der Verbraucherpolitik zunehmend auch als Bedrohung diskutiert. In der Tat verschafft KI in Kombination mit Big Data Unternehmen und Plattformen ein besseres Wissen über ihre Verbraucher und deren Fähigkeiten: die Fähigkeit, den Geschmack und die Vorlieben, Stärken und Schwächen der Verbraucher zu erkennen, ihre Reaktionen zu antizipieren und sie mit personalisierten Botschaften anzusprechen, um das gewünschte Verhalten auszulösen. Diese neuen Befugnisse sind zwar in der Regel auf die Interessen der Unternehmen ausgerichtet (z. B. Steigerung von Gewinnen und Marktanteilen), können aber auch in einer Weise genutzt werden, die den Bedürfnissen der Verbraucher entgegenkommt. Daneben wirft KI auch im medizinischen Umfeld Fragen auf, insbesondere haftungsrechtlicher Natur. Zusammenfassend lässt sich festhalten, dass KI viele Potenziale eröffnet. Demgegenüber stehen neue Fragestellungen und Risiken, die es im Einzelfall zu bewerten und abzuwägen gilt.

3.3.4 Blockchain

3.3.4.1 Definition und Funktionsweise

Eine weitere Technologie, der in den letzten Jahren ein enormer Zuwachs in der medialen Aufmerksamkeit zuteilgeworden ist, ist Blockchain, eine spezielle

Ausgestaltung der Distributed Ledger Technologie (DLT). DLT beschreibt dabei eine Technologie, die für die Dokumentation von (Finanz-) Transaktionen genutzt wird. Statt wie im klassischen Sinne, sämtliche Transaktionen in einem System von einer Instanz verwalten und aktualisieren zu lassen, gibt es bei DLT viele gleichwertige Kopien des Systems, die von unterschiedlichen Instanzen verwaltet werden. Neue Transaktionen werden dabei in jede Kopie übernommen, sodass es mehrere Ausgaben des identischen Systems gibt (Kannengießer et al. 2019). Der große Vorteil: Wenn die Historie nicht nur an einem Ort gespeichert ist, sondern mehrfach in identischer Form vorliegt, ist eine Manipulation und Fälschung nahezu unmöglich.

Die öffentliche Wahrnehmung dieser Technologie wurde vor allem durch den exponentiellen Wertzuwachs und den darauffolgenden rapiden Wertverlust der auf dieser Technologie beruhenden Kryptowährungen rund um den Jahreswechsel 2017 und 2018 bestimmt. Blockchain ist die zugrunde liegende Technologie und zentrale Innovation der Kryptowährung Bitcoin. Sie ist ursprünglich eine Open-Source Technologie und stellt eine Alternative zum Intermediär für Bitcoin-Überweisungen dar. Statt dem Intermediär setzt die Technologie auf eine gemeinschaftliche Verifizierung der Transaktion durch das Blockchain-Ökosystem. Die Idee beruht auf einem Arbeitspapier, dass im Jahr 2008 anonym veröffentlicht wurde (Nakamoto 2008).

Vom Grundprinzip ist eine Blockchain nichts anderes als eine große, öffentliche und dezentrale Datenbank, bestehend aus Datenblöcken, die auf einer Vielzahl von Knoten (als „Knoten" (engl. Nodes) ist hierbei ein einzelner Rechner gemeint) im Netzwerk gespiegelt vorliegt. Eine Blockchain startet dabei immer mit einem Anfangs- oder Startblock („Genesis" Block), an den mit der Zeit chronologisch weitere Datenblöcke angehängt und abgespeichert werden. Das erklärt auch den englischen Begriff Blockchain, zu Deutsch „Blockkette". Alle Datensätze werden vor dem Anhängen überprüft und bestätigt. So bildet die Blockchain faktisch eine Historie verschiedener Transaktionen ab. Sie speichert Transaktionen dabei transparent, chronologisch und unveränderbar in einem Netzwerk (Glaser 2017). Für den bekanntesten Vertreter der Blockchain, Bitcoin, handelt es sich bei den gespeicherten Daten um Finanztransaktionsdaten, sprich Informationen über Zahlungsströme. Also konkret wann wer wem wie viele Bitcoin gezahlt hat. Ein Block kann dabei eine bestimmte Anzahl an Transaktionen umfassen. Sobald diese erreicht ist, oder eine gewisse Zeitspanne vergangen ist, werden die nachfolgenden Transaktionen im nächsten Block erfasst und gespeichert. Dabei verweist jeder neue Block mittels eines sogenannten Hashwerts auf den vorhergehenden Block. Der **Hashwert** wird durch einen speziellen Algorithmus erzeugt, der eine Zeichenfolge beliebigen Umfangs in eine Zeichenfolge mit fester Zeichenanzahl übersetzt (Romano und Schmid 2017). Dabei ergeben dieselben Eingangsdaten immer den identischen Hashwert. Jeder Block, der wiederum mehrere Transaktionen umfasst, wird somit zu einem Hashwert konvertiert und erhält dadurch einen eigenen digitalen Fingerabdruck. Jeder Datenblock umfasst einen sogenannten **Header,** welcher, neben weiteren Meta-Daten, den Hashwert der vorhergehenden Block-Headers aufführt und dadurch auf diesen verweist. Auf diese Art werden die einzelnen Blöcke chronologisch verbunden und bilden eine Kette. Eine Kopie der Blöcke wird dabei auf jedem Knoten im (Bitcoin-)Netzwerk gespeichert und jeder Knoten hat die Möglichkeit neue Blöcke hinzuzufügen. Um zu verhindern, dass ein gefälschter Block eingespielt wird, muss jeder Hash gewisse Vorgaben erfüllen. So kann nicht einfach der erstbeste Hash genommen werden, sondern muss durch Ausprobieren gefunden werden („Mining"), wofür die einzelnen Knoten mithilfe des sogenannten Konsensmechanismus eine Rechenleistung (Proof-of-Work) übernehmen müssen. Dies ist notwendig, da es bei einem dezentralen Netzwerk wie der Blockchain keine zentrale Entscheidungsinstanz gibt und die Knoten somit selbst die einzelnen Transaktionen validieren müssen.

3.3.4.2 Anwendungsfälle, Chancen und Herausforderungen

Auch wenn die Blockchain-Technologie durch Bitcoin entstanden ist und meist für Finanztransaktionen genutzt wird, ist sie nicht darauf beschränkt. Kryptowährungen stellen nur eines von vielen Anwendungsgebieten der zugrundliegenden Technologie dar, welches deren Nutzenpotenziale bei Weitem nicht vollständig ausschöpft. Zwei Jahre nach dem Hype der Kryptowährungen zum Jahreswechsel 2017/18 begann die Technologie langsam in unterschiedlichster Art und Weise in verschiedenen Anwendungsfeldern anzukommen. Beispielsweise nutzen viele Blockchain-Anwendungen Programmlogiken, sogenannte Smart Contracts, um Geschäftsprozesse abzubilden. Die Anwendungsgebiete der Technologie erstrecken sich von einer nachvollziehbaren Dokumentation von Informationen auf der Blockchain über eine transparente Verwaltung von Rechten bis hin zum Abbilden von dezentralen Organisationen. Diese Eigenschaften machen die Blockchain zu einer Infrastruktur-Technologie für andere Cutting-Edge-Technologien, wie beispielsweise Self-Sovereign Identify (SSI).

Im Kontext von Wertschöpfungskonzentration ist die Blockchain-Technologie insbesondere in Kombination mit der bereits vorgestellten Technologie Internet der Dinge interessant. Die erwähnte Herausforderung rund um die Interoperabilität verschiedener Geräte könnte durch die Schaffung einer gemeinsamen neutralen Plattform, basierend auf Blockchain-Technologie, auf der sich verschiedene Unternehmen auf Augenhöhe treffen können, adressiert werden (Mattila und

Seppälä 2015). Die Notwendigkeit wird unterstützt durch die Ergebnisse einer McKinsey-Studie, laut derer 40 % der möglichen Wertschöpfung durch IoT erst durch Integration der diversen IoT Systeme geschaffen wird (McKinsey 2015).

Neben der Bitcoin-Anwendung gibt es viele weitere Ausprägungen und Anwendungen der Blockchain. Die Chancen und Risiken von Blockchain-Systemen variieren mit dem jeweiligen spezifischen Aufbau, wobei es übergreifende Aspekte gibt. Durch das verteilte Peer-to-Peer-Netz gepaart mit einem Konsensmechanismus, der den Status der Blockchain abgleicht, gibt es keinen „single point of failure" und entsprechend zeichnet sich die Blockchain durch ein sehr hohes Maß an Sicherheit aus und ist gut vor Manipulation geschützt (Schlatt et al. 2016). Da jeder Netzwerkknoten selbstständig prüft, ob einzelne Transaktionen und ganze Blöcke gültig sind, braucht es kein Vertrauen zu anderen Knoten oder einzelnen Entitäten. Dies macht eine zentrale Verwaltung der Blockchain oder den Einsatz Dritter für bestimmte Aktionen innerhalb des Blockchain-Netzwerks obsolet (McKinsey 2015).

Neben zahlreichen inhärenten Vorteilen bringen Blockchain-Anwendungen auch Schwachstellen und Risiken mit sich. Durch das sogenannte Hashing verweisen die jeweiligen Datenblöcke aufeinander und stellen somit die Integrität der Daten in der Blockchain sicher. Doch obwohl das Konstrukt der Blockchain einen sehr hohen Sicherheitsstandard hat, kam es bereits zu erfolgreichen Angriffen und Manipulationen. Bekannt ist vor allem das Beispiel des „51 %-attack" (Romano und Schmid 2017). Dabei vereint ein Angreifer mehr als 50 % der Rechnungsleistung des gesamten Netzwerks auf sich, erlangt dadurch die mehrheitliche Kontrolle und kann somit Änderungen an der Blockchain vornehmen. Ein weiteres Risiko stellt die asymmetrische Kryptographie dar, ein Verschlüsselungsverfahren, das im Bitcoin-Bereich beim Senden und Empfangen von Transaktionen eingesetzt wird, um sicherzustellen, dass nur der berechtigte Eigentümer Zugriff auf sein Eigentum hat. Dieses Verfahren nutzt Schlüsselpaare (einen öffentlichen Schlüssel zum Verschlüsseln und einen privaten Schlüssel zum Entschlüsseln). Bei Verlust oder Diebstahl des privaten Schlüssels ist ein Zugriff auf die Daten nicht mehr möglich (Condos 2016). Darüber hinaus beschränkt die klar definierte Blockgrößenobergrenze die Anzahl der Transaktionen (McKinsey & Company 2015). Daneben verbraucht der Konsens-Mechanismus durch Proof-of-Woek (PoW) eine signifikante Energiemenge und verursacht dadurch teils hohe Kosten sowie Umweltbelastungen (Becker 2013). Für die genannten Herausforderungen existieren aber teilweise schon Lösungsansätze, wie alternative Konsensmechanismen.

Zusammenfassend bietet die Blockchain, auch durch ihre rasante Weiterentwicklung, eine Vielzahl an Einsatzmöglichkeiten. Gleichzeitig gilt es, (bekannte)

Herausforderungen zu überwinden und passende Lösungsansätze zu identifizieren und umzusetzen.

Literatur

Allmendinger, Glen; Lombreglia, Ralph (2005): Four strategies for the age of smart services. In: Harvard business review 83, 131–4, 136, 138 passim

Baier, Marie-Sophie; Hennrich, Jasmin; Huff, Katrin; Hufnagl, Christine; Jung, Carolin; Metz, Franka; Kriner, Hildegard (2021): Referenzmodell schlanke, digital-unterstützte Bettenlogistik in Krankenhäusern. In: Henner Gimpel und Jürgen Schröder (Hg.): Hospital 4.0. Schlanke, digital-unterstützte Logistikprozesse in Krankenhäusern. Wiesbaden, Germany, Heidelberg: Springer Gabler, S. 163–214

Ciriello, Raffaele Fabio; Richter, Alexander; Schwabe, Gerhard (2018): Digital Innovation. In: Bus Inf Syst Eng 60 (6), S. 563–569. DOI: https://doi.org/10.1007/s12599-018-0559-8

cisco (2019): Redefine Connectivity by Building a Network to Support the Internet of Things. How billions of connected devices will change the shape of networks. Hg. v. cisco public. Online verfügbar unter https://www.cisco.com/c/dam/en/us/solutions/service-provider/pdfs/a-network-to-support-iot.pdf

Da Xu, Li; Xu, Eric L.; Li, Ling (2018): Industry 4.0: state of the art and future trends. In: International Journal of Production Research 56 (8), S. 2941–2962. DOI: https://doi.org/10.1080/00207543.2018.1444806

Europäische Kommission (2020): Zur Künstlichen Intelligenz – ein europäisches Konzept für Exellenz und Vertrauen. Europäische Kommission. Online verfügbar unter https://eur-lex.europa.eu/legal-content/DE/TXT/HTML/?uri=CELEX%3A52020DC0065

Glaser, Florian (2017): Pervasive Decentralisation of Digital Infrastructures: A Framework for Blockchain enabled System and Use Case Analysis. In: Proceedings of the 50th Hawaii International Conference on System Sciences (2017). Hawaii International Conference on System Sciences: Hawaii International Conference on System Sciences (Proceedings of the Annual Hawaii International Conference on System Sciences)

Haenlein, Michael; Kaplan, Andreas (2019): A Brief History of Artificial Intelligence: On the Past, Present, and Future of Artificial Intelligence. In: California Management Review 61 (4), S. 5–14. DOI: https://doi.org/10.1177/0008125619864925

Hufnagl, Christine (2021): Ermittlung des Potentials der Wertschöpfungsoptimierung durch den Einsatz der Digitalisierung, Vernetzung und digitalen Transformation in Krankenhäusern entlang des Patientenpfades. Dissertation (in Veröffentlichung). Universität Bayreuth, Bayreuth, zuletzt geprüft am 29.06.2021

Hufnagl, Christine (2022): Ermittlung des Potentials der Wertschöpfungsoptimierung durch den Einsatz der Digitalisierung, Vernetzung und digitalen Transformation in Krankenhäusern entlang des Patientenpfades. University of Bayreuth

Hufnagl, Christine; Kriner, Hildegard; Marcus, Laura; Schröder, Jürgen (2021): Dreiklang für eine erfolgreiche Digitalisierung. In: Zeitschrift für wirtschaftlichen Fabrikbetrieb 116 (12), S. 931–934. DOI: https://doi.org/10.1515/zwf-2021-0201

Kanawaday, Ameeth; Sane, Aditya (2017): Machine learning for predictive maintenance of industrial machines using IoT sensor data. In: 2017 8th IEEE International Conference on Software Engineering and Service Science (ICSESS). 2017 8th IEEE International Conference on Software Engineering and Service Science (ICSESS). Beijing, China, 24.11.2017 – 26.11.2017: IEEE, S. 87–90

Kannengießer, Niclas; Lins, Sebastian; Dehling, Tobias; Sunyaev, Ali (2019): What Does Not Fit Can Be Made to Fit! Trade-Offs in Distributed Ledger Technology Designs. In: SSRN Journal. DOI: https://doi.org/10.2139/ssrn.3270859

Knauer, Dirk (2015): Act Big – Neue Ansätze für das Informationsmanagement. Informationsstrategie im Zeitalter von Big Data und digitaler Transformation. Wiesbaden: Springer Gabler

Lu, Yang; Da Xu, Li (2019): Internet of Things (IoT) Cybersecurity Research: A Review of Current Research Topics. In: IEEE Internet Things J. 6 (2), S. 2103–2115. DOI: https://doi.org/10.1109/JIOT.2018.2869847

Madakam, Somayya; Ramaswamy, R.; Tripathi, Siddharth (2015): Internet of Things (IoT): A Literature Review. In: JCC 03 (05), S. 164–173. DOI: https://doi.org/10.4236/jcc.2015.35021

McKinsey (2015): The Internet of Things. Mapping the value beyond the hype. Hg. v. McKinsey & Company. Online verfügbar unter https://www.mckinsey.com/~/media/mckinsey/industries/technology%20media%20and%20telecommunications/high%20tech/our%20insights/the%20internet%20of%20things%20the%20value%20of%20digitizing%20the%20physical%20world/the-internet-of-things-mapping-the-value-beyond-the-hype.pdf, zuletzt geprüft am 01.09.2022

McKinsey (2017): Smartening up with Artificial Intelligence (AI). What's in it for Germany and its Industrial Sector? Hg. v. McKinsey & Company. Online verfügbar unter https://www.mckinsey.com/~/media/mckinsey/industries/semiconductors/our%20insights/smartening%20up%20with%20artificial%20intelligence/smartening-up-with-artificial-intelligence.ashx

Meudt, Tobias; Rößler, Markus P.; Böllhoff, Jörg; Metternich, Joachim (2016): Wertstromanalyse 4.0. In: ZWF 111 (6), S. 319–323. DOI: https://doi.org/10.3139/104.111533

Nakamoto, Satoshi (2008): Bitcoin: A Peer-to-Peer Electronic Cash System (Decentralized business review)

Nicolai AT, Schuster CL (2018) Digitale Transformation. In: WIST 47(1):15–21. https://doi.org/10.15358/0340-1650-2018-1-15

Oberländer, Anna Maria; Röglinger, Maximilian; Rosemann, Michael; Kees, Alexandra (2018): Conceptualizing business-to-thing interactions – A sociomaterial perspective on the Internet of Things. In: European Journal of Information Systems 27 (4), S. 486–502. DOI: https://doi.org/10.1080/0960085X.2017.1387714

pwc (2017): Künstliche Intelligenz in Unternehmen. Eine Befragung von 500 Entscheidern deutscher Unternehmen zum Status quo – mit Bewertungen und Handlungsoptionen von PwC. Unter Mitarbeit von Daniela Geretshuber und Hendrik Reese. pwc. Online verfügbar unter https://www.pwc.de/de/digitale-transformation/kuenstliche-intelligenz/studie-kuenstliche-intelligenz-in-unternehmen.pdf, zuletzt geprüft am 01.11.2022

Romano, Diego; Schmid, Giovanni (2017): Beyond Bitcoin: A Critical Look at Blockchain-Based Systems. In: Cryptography 1 (2), S. 15. DOI: https://doi.org/10.3390/cryptography1020015

Russell, Stuart J.; Norvig, Peter (2003): Artificial intelligence. A modern approach. Princeton, N.J.: Recording for the Blind & Dyslexic (Prentice Hall series in artificial intelligence)

Schlatt, Vincent; Schweizer, André; Urbach, Nils; Fridgen, Gilbert (2016): Blockchain: Grundlagen, Anwendungen und Potenziale. Hg. v. Fraunhofer FIT. Online verfügbar unter https://publica.fraunhofer.de/entities/publication/dc9322f0-3063-4792-b69a-b2006982d857/details, zuletzt geprüft am 01.12.2022

Shinde, Pramila P.; Shah, Seema (2018): A Review of Machine Learning and Deep Learning Applications. In: 2018 Fourth International Conference on Computing Communication Control and Automation (ICCUBEA). 2018 Fourth International Conference on Computing Communication Control and Automation (ICCUBEA). Pune, India, 16.08.2018 – 18.08.2018: IEEE, S. 1–6

Silver, David; Hubert, Thomas; Schrittwieser, Julian; Antonoglou, Ioannis; Lai, Matthew; Guez, Arthur et al. (2017): Mastering Chess and Shogi by Self-Play with a General Reinforcement Learning Algorithm

Song, Yanxing; Yu, F. Richard; Zhou, Li; Yang, Xi; He, Zefang (2021): Applications of the Internet of Things (IoT) in Smart Logistics: A Comprehensive Survey. In: IEEE Internet Things J. 8 (6), S. 4250–4274. DOI: https://doi.org/10.1109/JIOT.2020.3034385

Yoo, Youngjin; Henfridsson, Ola; Lyytinen, Kalle (2010): Research Commentary —The New Organizing Logic of Digital Innovation: An Agenda for Information Systems Research. In: Information Systems Research 21 (4), S. 724–735. DOI: https://doi.org/10.1287/isre.1100.0322

4 Exkurs: Wertschöpfungsoptimierung durch Unterstützung von Hochschulen in Unternehmen

Jürgen Schröder und Hildegard Kriner

4.1 Bedeutung der praxisorientierten akademischen Ausbildung in Unternehmen

Nicht selten scheuen sich kleine und mittlere Unternehmen Verbindung zu Hochschulen und Universitäten aufzunehmen. Die Gründe hierfür sind vielfältig. Meist wird ein Hochschulprojekt als aufwendig und zeitraubend bei gleichzeitig wenig nutzbaren Ergebnissen angesehen. Fehlende Praxiserfahrung der Studenten und Lehrenden ist häufig ein Argument der Mitarbeiter im Unternehmen, um eine Kooperation abzulehnen. Nicht zuletzt fließen oftmals negative Erfahrungen aus der eigenen akademischen Ausbildung ein und zweifeln die Sinnhaftigkeit einer Zusammenarbeit an. Je kleiner ein Unternehmen ist und je mehr Erklärungs- und Einarbeitungsbedarf für ein Projekt besteht, desto größer wird zudem der notwendige Zeitaufwand für das Unternehmen. Fehlt die notwendige Zeit, um die Voraussetzung für eine Zusammenarbeit zu schaffen, so kann und wird diese nicht erfolgreich sein. Einen weiteren Hinderungsgrund kann die Geheimhaltungsbedürftigkeit darstellen. Es bestehen Ängste, dass Wettbewerbsvorteile nach außen dringen. Gerade bei öffentlich geförderten Forschungsprojekten – also keine individuell geförderte Industrieforschung – kann dies ein schwerwiegendes Hindernis sein, da die Ergebnisse i. d. R. veröffentlicht werden müssen.

J. Schröder (✉) · H. Kriner
Technische Hochschule Ingolstadt, Ingolstadt, Deutschland
E-Mail: schroeder@schroeder-wollomoos.de

H. Kriner
E-Mail: Hildegard.Kriner@sana.de

J. Schröder (Hrsg.), *Wertschöpfung und Digitalisierung*,
https://doi.org/10.1007/978-3-658-43584-4_4

Generell gilt es – unabhängig von der Form der Zusammenarbeit – mit Unternehmen zu klären, ob eine grundsätzliche Bereitschaft zur Kooperation besteht. Eine Abschätzung des Aufwandes ist bei allen Formen einer Kooperation mit Hochschulen bzw. Universitäten hilfreich. Denn der Erfolg hängt wesentlich von der Bereitstellung der benötigten Kapazitäten ab. Grundsätzlich gilt: Sind die Mitarbeiter im Unternehmen nicht bereit, in den Themenbereich einzuweisen und Hilfestellung bei der Beantwortung von Fragen zu geben, wird eine Zusammenarbeit nicht funktionieren.

Erfahrungsgemäß intensiviert sich die Zusammenarbeit zwischen Unternehmen und Hochschulen bzw. Universitäten, wenn erste positive Erfahrungen gemacht werden. Gerade in Wertschöpfungs- und Digitalisierungsprojekten fällt es Außenstehenden, im speziellen Studenten, i. d. R. nicht schwer, umständliche und fehleranfällige Prozesse zu identifizieren. Ist dies erst einmal geschehen, so ist eine gemeinsame Basis geschaffen.

Es gibt eine Vielzahl von Formen der Zusammenarbeit zwischen Unternehmen und Hochschulen bzw. Universitäten wie in Abbildung Abb. 4.1 dargestellt ist. (Rauen und Franziska Seimys 2021) Die Bekanntesten sind sicherlich das Praktikum und die Abschlussarbeit. Auf Stiftungsprofessuren und Duale Studiengänge wird im Folgenden nicht näher eingegangen.

Hier dargestellt werden Zusammenarbeitsformen, welche sich in schriftliche Arbeiten, Vorträge und Informationsveranstaltungen sowie in Projekte gliedern lassen. Darin enthalten sind sowohl klassische Abschlussarbeiten, Exkursionen und Seminare als auch Forschungs- und Entwicklungsprojekte. In großen Unternehmen wird meist das gesamte Spektrum möglicher Formen der Zusammenarbeit genutzt. Kleine und mittlere Unternehmen hingegen kooperieren seltener und mit deutlich geringerer Intensität. Es lässt sich aber grundsätzlich unabhängig von der Unternehmensgröße festhalten, dass ein entscheidender Erfolgsfaktor das Engagement sowohl auf Unternehmens- als auch Hochschul-

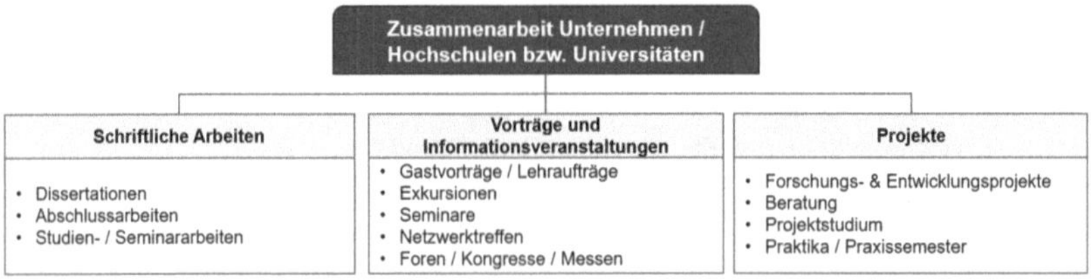

Abb. 4.1 Mögliche Formen der Zusammenarbeit zwischen Unternehmen und Hochschulen/Universitäten

bzw. Universitätsseite ist. (Rauen und Franziska Seimys 2021). Dies gilt sowohl für die Anbahnung als auch die Durchführung von gemeinsamen Projekten.

Betrachtet man das Spektrum der möglichen Kooperationen zur Wertschöpfungsoptimierung, zeigt die Erfahrung aus der Lehr- und Forschungstätigkeit, dass alle beteiligten Parteien in verschiedener Intensität profitieren (Abb. 4.2). Die Haupteffekte liegen unternehmensseitig in dem Wissenszuwachs und auf der akademischen Seite in der Anwendungsorientierung. Diese ist Voraussetzung für eine praxisorientierte Forschung und Lehre.

Im Folgenden wird der Unternehmensnutzen von Kooperationen näher betrachtet. Wie in Abb. 4.3 dargestellt ist, liegt dabei der Schwerpunkt des Unternehmensnutzens der verschiedenen Kooperationsformen mit Hochschulen bzw. Universitäten generell in der Nachwuchsgewinnung. Weitere Aspekte liegen in der Generierung von Innovationen, der Gestaltung und Verbesserung von Prozessen, der Kompetenzentwicklung und Ressourcennutzung der Mitarbeiter sowie in der Imageverbesserung des Unternehmens. Gerade mit Blick auf die eigenen Mitarbeiter spielen die Vorteile vor allem bei Projekten zur Wertschöpfungsoptimierung und Digitalisierung eine große Rolle. Um solche

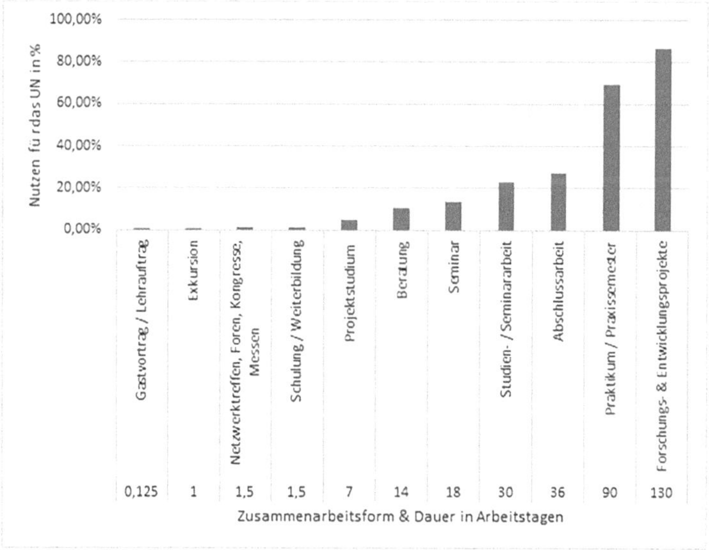

Abb. 4.2 Profiteure der Zusammenarbeit. (Eigene Darstellung)

Transformationsprojekte auf Unternehmensseite durchführen und implementieren zu können, sind häufig erste signifikante Erfolge notwendig, die in der Zusammenarbeit mit Hochschulen und Universitäten kurzfristig erzielt werden können. Mit dem Schwerpunkt auf die Nachwuchsgewinnung liegen folgende Vorteile für das Unternehmen auf der Hand: Man lernt die Studenten bzw. wissenschaftlichen Mitarbeiter und deren Fähigkeiten bereits vor Abschluss eines Arbeitsvertrages kennen.

Gerade bei Themen der Wertschöpfungsoptimierung und Digitalisierung, welche in den Kap. 2 und Kap. 3 beschreiben sind, müssen bestimmte Personengruppen involviert sein, denn nur durch die richtige Zusammenstellung kann der Erfolg sichergestellt werden. Die Unternehmensleitung muss die Zusammenarbeit tragen und fördern. Bei umfangreichen Projekten – sei es in der Forschung oder Beratung – ist es zwingend erforderlich eine Art Lenkungsgremium mit der Geschäftsführung bzw. Werksleitung zu installieren. Unabhängig von der Art der Zusammenarbeit ist Fachpersonal des Unternehmens stark in diese Kooperationen eingebunden. Von den vorgestellten Projektenformaten ist hiervon lediglich der Gastvortrag ausgenommen.

Sollen in größeren Kooperationsprojekten wissenschaftliche Mitarbeiter eingesetzt werden, so müssen diese i.d.R. finanziert werden. Lehrstühle an Universitäten bzw. Professuren an Hochschulen verfügen meistens über entsprechende Institute. Die finanzielle Abwicklung kann im Rahmen einer Industrieforschung bilateral erfolgen. Komplizierter ist die finanzielle Abwicklung über öffentlich

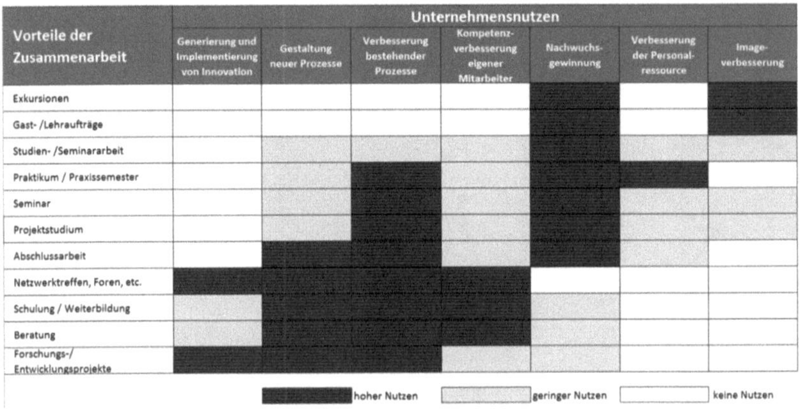

Abb. 4.3 Unternehmensnutzen durch Kooperation. (Eigene Darstellung)

geförderte Projekte. Unabhängig von öffentlichen Förderungen durch die Europäische Union, durch den Bund oder durch das betreffende Bundesland muss das teilnehmende Unternehmen einen nicht unerheblichen Beitrag leisten. Dieser Beitrag ist in den jeweiligen Ausschreibungen fixiert. In den meisten Fällen kann dieser durch eigene Personalressourcen anstelle von finanziellen Mitteln erbracht werden.

Neben dem Aspekt der Finanzierung unterscheiden sich ebenso die Mitwirkenden von Unternehmen und Hochschulen je nach Kooperationsform. Hierbei ist der nicht unerhebliche personelle Beitrag von der Planung an zu berücksichtigen. Dies zeigt Abb. 4.4, welche die Einbindung Mitwirkender in die Zusammenarbeit bei diesen Projekten darstellt. Gerade in Wertschöpfungs- und Digitalisierungsprojekten wird IT-Personal benötigt, welches die Prozesse in der Systemwelt des Unternehmens kennt. Da in den letzten 20 Jahren massiv Personal in diesem Bereich abgebaut und an Dienstleister verlagert wurde, kommt es oftmals zu erheblichen Engpässen. Die in den letzten Jahren einsetzende Digitale Transformation macht vielen Unternehmen immer noch erhebliche Probleme, da die IT-Ressourcen nicht vorliegen. Eine Hochschule bzw. Universität kann diese Personalengpässe nicht ausgleichen. Ganz im Gegenteil: Es werden bei umfangreicheren Projekten IT-Kapazitäten zumindest zeitlich gebunden.

Insbesondere Lehrstühle bzw. Professuren für Produktionswirtschaft, Logistik, Operations Management und natürlich Wirtschaftsinformatik bieten sich für eine Zusammenarbeit zur Wertschöpfungsoptimierung und Digitalisierung an.

Grundsätzlich stellt sich die Frage, wie ein Unternehmen den Kontakt zu den Ansprechpartnern an den Universitäten und Hochschulen herstellen kann. Hier

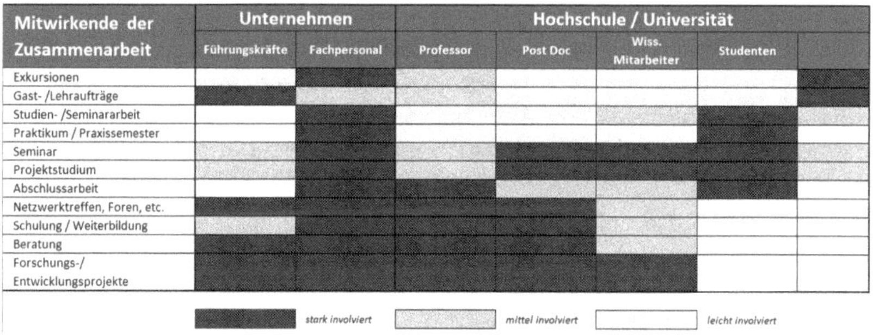

Abb. 4.4 Mitwirkende in Kooperationsprojekten. (Eigene Darstellung)

gibt es viele Möglichkeiten. Am vielversprechendsten ist die direkte Kontaktaufnahme einer Führungskraft eines Unternehmens mit dem Lehrstuhlinhaber bzw. dem Professor. Je höher die Führungskraft im Unternehmen angesiedelt ist, desto erfolgreicher wird die Kontaktanbahnung verlaufen. Messen, Foren oder Kongresse bieten hierfür eine sinnvolle Plattform. Der persönliche Telefonanruf und das sich daran anschließende Gespräch vor Ort, sei es im Unternehmen oder an der Hochschule bzw. Universität, bilden die Grundlage für eine gute Zusammenarbeit.

In vielen Studiengängen müssen Studenten ein Praxissemester in einem Unternehmen ablegen. Zudem bieten viele Unternehmen praxisorientierte Abschlussarbeiten an. In beiden Fällen bietet es sich an, dass der betreuende Professor die Arbeit des Studenten vor Ort in Augenschein nimmt. Insbesondere bei Abschlussarbeiten ist es sinnvoll, dass die Studenten das Ergebnis seiner Arbeit in Form einer Präsentation im Unternehmen vor Führungskräften vorstellt. Dies ist erfahrungsgemäß ein guter Zeitpunkt, um weitere Themen vor Ort zu erörtern und ggf. auch vor Ort Problembereiche in den Prozessen zu besichtigen.

4.2 Praxisorientierte wissenschaftliche Ausarbeitungen

In der gesamten akademischen Ausbildung spielt das wissenschaftliche Arbeiten eine herausragende Rolle. Die Erstellung von schriftlichen Arbeiten soll die Fähigkeit der Studenten nachweisen, ein abgegrenztes Thema wissenschaftlich zu untersuchen und die Ergebnisse logisch und nachvollziehbar aufzubereiten. In der akademischen Ausbildung wird zwischen Studien- bzw. Seminararbeiten, Abschlussarbeiten und Dissertationen unterschieden (Abb. 4.5). Daneben gibt es u. a. Veröffentlichungen in wissenschaftliches Journal, Fachbücher und Kongressbeiträge, auf die im Folgenden aber nicht näher eingegangen wird.

Es gibt eine Vielzahl von Anleitungen, wie eine wissenschaftliche Arbeit zu erstellen ist. Allgemein müssen akademische Arbeiten eine Einleitung, einen Hauptteil und eine Zusammenfassung enthalten. Der Hauptteil selbst kann in verschiedene Kapitel unterteilt werden. Die wissenschaftliche Sorgfalt, insbesondere Quellenangaben, ist Voraussetzung für eine wissenschaftliche Arbeit.

Für Arbeiten zur Wertschöpfungsoptimierung bzw. Digitalisierung gilt, dass diese eine detaillierte Ist-Analyse enthalten und darauf aufbauend ein Sollkonzept darzustellen ist.

Für Unternehmen hat der Einsatz von Studenten zur Erstellung von Abschlussarbeiten eine Reihe von Vorteilen. Bei wertschöpfungsorientierten Themen, die

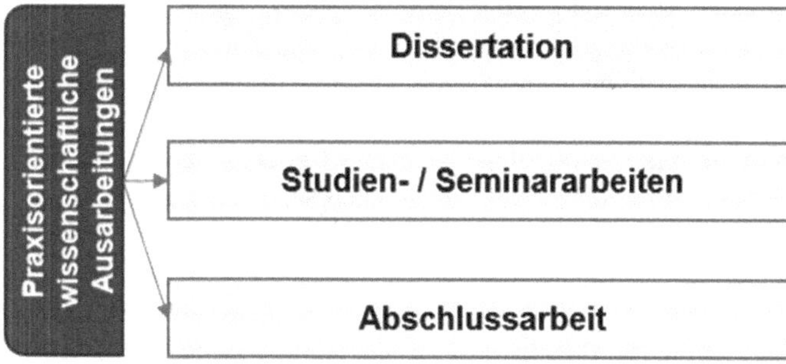

Abb. 4.5 Formen schriftlicher Ausarbeitungen

in den letzten Jahren häufig mit Digitalisierungsaufgaben einhergehen, finden zunächst umfangreiche Prozessanalysen statt. Nicht immer verfügen die Unternehmen über die erforderlichen Personalressourcen, um diese Themen selbst zu bearbeiten. I.d.R. werden durch die Studenten Wertströme erstellt und analysiert. Häufig werden hohe Bestände an bestimmten Stellen in den Materialflüssen ermittelt, die zu verlängerten Durchlaufzeiten und hohen Flächenbedarfen führen. Zudem ergeben sich Potenziale durch fehlenden oder mangelhaft durchgeführten Informationsfluss.

Beispiel

Beispiel einer Abschlussarbeit (Dauer 5 Monate):

Als Beispiel für eine Abschlussarbeit zur Wertschöpfungsoptimierung soll die Leergutabwicklung eines Handelsunternehmens dienen. Der Student absolvierte zunächst ein 26-wöchiges Praktikum in dem Unternehmen. Während dieser Zeit wurde er in der Leergutabwicklung eingesetzt. Da es eine Reihe von sichtbaren Problemen in der internen Abwicklung gab, beauftragte das Unternehmen in Abstimmung mit dem betreuenden Professor den Studenten mit der Erstellung einer Abschlussarbeit. Hierfür wurde ein Vertrag zwischen dem Unternehmen und dem Studenten geschlossen. Zudem wurde eine zeitlich befristete Geheimhaltungserklärung vereinbart.

Im Rahmen der Arbeit wurden durch den Studenten die verschiedenen Behältertypen ermittelt. Weiterhin wurden die Materialflüsse detailliert aufgenommen. Basierend auf diesen Ergebnissen wurde ein Wertstrom erstellt, der die Ist-Situation darstellte.

Über eine weitere Prozessaufnahme konnten zeitliche Spitzen im Tagesverlauf beim Leergutrückfluss identifiziert werden. Diese wurden über entsprechende Grafiken visualisiert. Hiermit konnte die Ursache identifiziert werden, weshalb es zu bestimmten Zeiten zu Personalengpässen kommt. Diese führen wiederum zu einem unkoordinierten Abstellen des unterschiedlichen Leergutes, welches zwangsläufig einen zusätzlichen Sortiervorgang erforderte. Zudem verlängerten sich die Wege für die Mitarbeiter. Der Student zeigte auf, dass durch eine räumliche Neuanordnung des Leergutes Handhabungsschritte eliminiert werden können. Weiterhin konnte nachgewiesen werden, dass der Umlaufbestand eines Behältertyps zu hoch und eines anderen zu niedrig war.

Die Ergebnisse der Arbeit wurden vor dem Führungskreis des Unternehmens durch den Studenten präsentiert. Neben der Ist-Analyse und dem Sollkonzept wurde eine Wirtschaftlichkeitsbetrachtung durchgeführt. Die Umsetzung des durch den Studenten erarbeiteten Konzeptes wurde umgehend beschlossen und durchgeführt.

Durch den Kontakt zum Unternehmen erfuhr der Geschäftsführer von einem durch die Hochschule durchgeführten Arbeitskreis Logistik.◀

Um eine entsprechende Abschlussarbeit in Kooperation mit einem Unternehmen durchzuführen, ist ein unternehmensinterner Betreuer erforderlich. Dieser steht den Studenten mit Rat und Tat zur Seite. Er ermöglicht ihnen die notwendigen Prozessaufnahmen und unterstützt ggf. bei der Datenerhebung aus dem Unternehmenssystem. Der Kontakt zwischen dem Betreuer und den Studenten erfolgt phasenweise in verschiedenen Intensitäten. Eine Erreichbarkeit des Betreuers oder seines Vertreters sollte unbedingt sichergestellt werden.

Für die Erstellung einer unternehmensbezogenen Abschlussarbeit wird i. d. R. seitens des Unternehmens ein Vertrag geschlossen und eine Vergütung gewährt.

4.3 Einsatz von Studenten im Rahmen von Praxissemestern und Projektstudien

Es gibt eine Reihe von praxisbezogenen Ausbildungen im Unternehmen, die in die universitäre Ausbildung integriert werden können. Exkursionen zu Unternehmen helfen z. B. dem Dozenten insofern, dass Studenten die Wertschöpfungsabläufe durch den praktischen Bezug besser verstehen. Zudem lassen sich Maßnahmen der Digitalisierung im Wertschöpfungsprozess besser visualisieren.

Im Folgenden soll auf das Praxissemester im Vertiefungsstudium und auf das Projektstudium näher eingegangen werden.

Praxissemester

Die Unternehmen kennen i. d. R. Praktikum bzw. Praxissemester. Neben dem Grundpraktikum sind häufig Praxissemester zur Vertiefung im Hauptstudium gefordert. Meistens beinhaltet dieser Ausbildungsschritt im Studium ein komplettes Semester (26 Wochen) und entspricht somit einem halben Kalenderjahr. Urlaubsanspruch besteht normalerweise nicht. Es kann allerdings vorkommen, dass Studenten an einer Präsenzveranstaltung teilnehmen müssen. Sie sind hierfür freizustellen. Das Unternehmen kann eine entsprechende Bescheinigung seitens der Hochschule bzw. Universität erhalten.

Die Studenten sollten für ihre Leistungen eine angemessene Bezahlung erhalten. Empfohlen wird, sich an der Vergütung eines Auszubildenden im letzten Lehrjahr zu orientieren.

Die Studenten, die ein Praxissemester im Vertiefungsstudium ablegen, befinden sich bereits im letzten Studienabschnitt. Sie sollen das bisher Erlernte in der Praxis anwenden. Die Studenten sollten deshalb nicht ausschließlich in administrativen Regelabläufen eingebunden sein. Es bietet sich vielmehr an, sie in Projekten zur kontinuierlichen Verbesserung einzusetzen. Die Erstellung von Wertströmen und deren Analyse sind hervorragende Aufgabenstellungen, deren Ergebnisse für das Unternehmen und den Studenten sehr wertvoll sein können. Die Mitwirkung der Studierenden bei der Gestaltung optimierter und digitalisierter Prozesse sind meistens für das Unternehmen sehr hilfreich. Nicht zuletzt der unvoreingenommene Blick hilft häufig dabei, Themen aus einer anderen Perspektive zu betrachten und neue Lösungsmöglichkeiten zu erschließen.

Beispiel

Bei einem Automobilzulieferer wurde ein Student im Rahmen seines Praxissemesters im Projekt zur Implementierung eines fahrerlosen Transportsystems eingesetzt. Die betriebswirtschaftliche Ausbildung gepaart mit dem Schwerpunkt auf logistische Prozesse ermöglichten dem Student, die bestehenden Abläufe detailliert zu erfassen und betriebswirtschaftlich zu bewerten. Basierend auf diesen Ergebnissen konnten die Potenziale ermittelt und eine Investitionsentscheidung herbeigeführt werden. In regelmäßigen Statussitzungen berichtete er über den Projektfortschritt. Neben den betriebswirtschaftlichen Berechnungen konnte der Student auch seine Präsentationskenntnisse unter Beweis stellen.◀

Das Praxissemester bietet eine Reihe von Vorteilen für das Unternehmen. Es dient einerseits dem Kennenlernen eines potenziellen Mitarbeiters, andererseits können Kapazitätsengpässe durch die zusätzliche Personalressource aufgefangen werden. Häufig besteht für den Studenten im Anschluss an das Praxissemester die Möglichkeit, eine Abschlussarbeit über ein Thema in diesem Unternehmen zu schreiben. Dieses erspart dem Unternehmen und dem Studenten eine weitere Einarbeitungszeit. Wichtige Kontaktpersonen, örtliche Gegebenheiten und benötigte IT-Systeme sind bereits bekannt.

Immer häufiger werden Praxissemester in ausländischen Unternehmen durchgeführt. Die Bedeutung der Betreuung vor Ort ist in diesen Fällen gerade in der Anfangszeit besonders hoch. Einige Unternehmen kümmern sich z. B. auch um eine geeignete Unterkunft für die Studenten.

Projektstudium

Eine spezielle Form der akademischen Ausbildung ist das Projektstudium. Gerade bei Aufgabenstellungen zur Wertschöpfungsoptimierung und Digitalisierung bietet diese Art hervorragende Möglichkeiten Veränderungsprozesse anzustoßen und Grundlagen für eine Umsetzung zu schaffen. Das Projektstudium in der hier vorgestellten Form ist eine Ausbildung, die es dem Studenten ermöglicht, reale Praxisaufgaben zu bearbeiten. Es ist also nicht die Absicht, ein Planspiel durchzuführen, sondern ein konkretes, klar abgegrenztes Projekt innerhalb einer vorgegebenen Zeit zu bearbeiten und die Ergebnisse zu präsentieren. Aus diesem Grund ist das Projektstudium bei den Studenten sehr beliebt.

Das Projektstudium kann in Blockform oder wöchentlich durchgeführt werden. Wird die Veranstaltung wöchentlich durchgeführt, so ist es zwingend erforderlich, dass das Unternehmen sich in erreichbarer Nähe der Hochschule bzw. Universität befindet. Die Studenten müssen den Ausbildungsort leicht erreichen können. Je nach Hochschule bzw. Universität sind aus Versicherungsgründen gewisse Formalitäten zu erfüllen, um den Ausbildungsort vom Hörsaal ins Unternehmen zu verlegen.

Besonders die Blockform, die im Folgenden vorgestellt wird, besitzt sowohl für Unternehmen als auch für Studenten eine sehr hohe Attraktivität. In dieser Form besteht die Möglichkeit, das Projektstudium im Ausland durchzuführen. Wird die Ausbildung im Inland durchgeführt werden, sollte sich das Unternehmen nicht in der Nähe der Hochschule bzw. der Universität befinden. Für die Studenten sollte nicht die Möglichkeit bestehen, täglich nach Hause zu fahren. Nur so kann in einer Blockwoche sichergestellt werden, dass die Studenten fokussiert ohne Ablenkungen an den Arbeitspaketen arbeiten.

Der Zeitpunkt der Veranstaltung ist so zu wählen, dass andere Vorlesungen der Studenten nicht beeinträchtigt werden. Es bietet sich folglich die Woche vor dem eigentlichen Semesterbeginn oder die Woche zwischen letzter Klausur und Notenmeldung an. Bereits vor Semesterbeginn, zum Zeitpunkt der Stundenplanung, also

i. d. R. im Januar bzw. Juli eines Jahres, sollte der Termin für die Blockwoche fixiert werden. Zu diesem Zeitpunkt ist es noch nicht erforderlich, die Arbeitspakete zu definieren.

Um die Planungen für Unternehmen und Hochschule zu erleichtern, ist rechtzeitig vor der Veranstaltung die Anzahl der teilnehmenden Studenten zu ermitteln. Leider kommt es bei Wahlpflichtfächern immer wieder vor, dass sich Studenten für ein Fach anmelden, aber letztendlich nicht daran teilnehmen. Im Idealfall wird eine Ersteinweisung mit Präsenzpflicht durchgeführt. In dieser Veranstaltung wird der Ablauf der Projektwoche erläutert. Die Studenten sollten einige persönliche Daten in einem Formular angeben und eine Selbsteinschätzung durchführen.

Ca. zwei Monate vor der Blockwoche sollte eine Ablauf- und Organisationsanweisung erstellt werden. Zu vor sollten die wichtigsten Punkte mit dem Unternehmen mündlich geklärt werden. Dies sind im Einzelnen:

- **Unterkunft:**
  Den Studenten und den Betreuern sollte kostenlos eine angemessene Unterkunft zur Verfügung gestellt werden. Dies sollte möglichst keine Jugendherberge sein. Es ist den Studenten aber durchaus zuzumuten, zu zweit in einem Hotelzimmer zu übernachten.
- **Transport:**
  Es gibt verschiedene Möglichkeiten zur An- und Abreise, die je nach Entfernung und Reisedauer zu wählen sind. Die Organisation und die Kostenübernahme sollten direkt durch das Unternehmen erfolgen.
- **Verpflegung:**
  Das Unternehmen sollte sicherstellen, dass am Anreisetag abends eine Mahlzeit zur Verfügung gestellt wird. Während der Projektwoche frühstücken die Studenten in der Unterkunft und nehmen das Mittagessen und möglichst das Abendessen in der Kantine, sofern vorhanden, ein. Ist keine Kantine vorhanden, so sollte das Unternehmen eine Alternative anbieten.
- **Besprechungsräume und Equipment:**
  Während der Projektwoche sollte das Unternehmen durchgängig einen entsprechend großen Raum in der Nähe des Shop Floor zur Verfügung stellen. Dies ist sicherlich für viele Unternehmen eine Herausforderung. Größere Besprechungsräume werden häufig für regelmäßig durchzuführende Besprechungen genutzt.

Mit der Übermittlung der Organisations- und Ablaufanweisung sollte das Unternehmen gebeten werden, Vorschläge für vier bis fünf verschiedene Arbeitspakete zu machen. Aus diesen werden dann gemeinsam ca. vier Wochen vor der Durchführung die Arbeitspakete für die Bearbeitung durch die Studenten ausgewählt.

Bei Unternehmen, die die Mitarbeiter nicht auf eine derartige Projektwoche vorbereiten, kann es zu Missverständnissen bzgl. der Unterstützungsform kommen. Es kann z. B. passieren, dass ein Mitarbeiter gutmütig ist und darauf hinwirkt, dass die Studenten bereits bekannte Ergebnisse ermitteln müssen. Die vorhandene Ressource der Studenten wird damit nicht effizient genutzt. Noch problematischer kann ein solches Projekt werden, wenn aufgedeckte Missstände in den Prozessen als persönliche Angriffe bei den Mitarbeitern und nicht als Verbesserungspotenziale angesehen werden. Es ist also für den Erfolg von besonderer Bedeutung, dass offen miteinander umgegangen wird.

Beispiel einer Organisations- und Ablaufanweisung

Allgemeines

Die Studenten der Hochschule X, Studiengang Y, Schwerpunkt Logistik, führen unter Leitung von Herrn Prof. Z vom 02.–06. Februar 20xx ein Projektstudium bei dem Unternehmen Alpha durch.

Das Projektstudium ist Bestandteil der Ausbildung zum Bachelor of Arts im Studiengang Y und wird im letzten Studienabschnitt durchgeführt. Ziel ist es, dass die Studenten ein Projekt weitestgehend selbstständig unter erheblichen Zeit- und Erfolgsdruck bearbeiten und vor dem Führungskreis des Werkes die Ergebnisse präsentieren. Die Studenten werden bewusst an die Grenzen ihrer physischen und psychischen Leistungsfähigkeit herangeführt, um eine Selbsteinschätzung für derartige Projekte im späteren Berufsleben vornehmen zu können.

Es ist von besonderer Wichtigkeit, dass den Studenten sämtliche Informationen gegeben werden, die notwendig sind, um die jeweilige Aufgabenstellung zu erfüllen. Hierzu sind Problembereiche offen anzusprechen. Die erforderlichen Vertraulichkeitserklärungen werden von den Studenten unterschrieben.

Der Erfolg des Projektstudiums hängt wesentlich von der Unterstützungsbereitschaft der Mitarbeiter im Unternehmen ab.

Organisation:

Informationen zu Studenten/Transport/Unterkunft/Equipment/Personelle Unterstützung/Zeitplan.

Beispiel eines Zeitplans:

1. Projekttag

07.30	Abholung der Studenten am Hotel
08.00–08.30	Offizielle Begrüßung, Vorstellung Unternehmen
08.30–09.45	Werkrundgang (grob)
09.30–09.45	Pause
09.45–11.00	Aufgabenstellungen je Aufgabenstellung

Problem/Ausgangssituation
Lösungsansätze Unternehmen, sofern vorhanden
Vorstellung des Ansprechpartners Unternehmen
Erwartungshaltung

11.00–12.00	Auswertung der Aufgabenstellungen Gruppeneinteilung, Auswertung, Vorgaben, Zieldefinition
12.00–13.00	Gemeinsames Mittagessen mit Ansprechpartner
Ab 13.00	Beginn der Ist-Analyse

2. Projekttag *(Ganztägig Ist-Analyse)*
3. Projekttag

bis 08.30	Ist-Analyse und Aufbereitung Zwischenpräsentation
08.30–10.00	Präsentation Ist-Analyse
10.00–12.00	Erarbeitung Grob-Soll-Konzept, parallel Aufbereitung fehlender oder ergänzender Informationen zur Ist-Analyse
Ab 12.00	Ausarbeitung Soll-Konzept

4. Projekttag

bis 12.00	Erarbeitung Soll-Konzept und Erstellung der Präsentationsunterlagen
12.00–17.00	Vorbereitung Präsentation
17.00–19.00	Präsentation mit anschließender Diskussion ggf. gemeinsames Abendessen

Abreisetag *(bis Abreise Nachbereitung)*◄

Ungefähr einen Monat vor der Durchführung der Projektwoche sollten die organisatorischen Aufgaben abgestimmt sein. Die Vorschläge für die Arbeitspakete sollten zu diesem Zeitpunkt der Hochschule bzw. Universität vorliegen.

Die Vorschläge werden nun nach Aufwand, Shop-Floor-Nähe (Prozessaufnahmemöglichkeit vor Ort) und nach der Wahrscheinlichkeit eines erfolgreichen Abschluss des jeweiligen Arbeitspaketes beurteilt. Die Arbeitspakete müssen so gestaltet sein, dass maximal fünf Studenten daran als Team arbeiten können.

Beispiel

Beispiele für typische Aufgabenstellungen für Arbeitspakete zur Wertschöpfungsoptimierung sind:

- Optimierung der Abläufe in logistischen Bereichen (z. B. Wareneingang, Lager, Bereitstellung, Versand, etc.), da das Material nicht immer zeitgerecht am Arbeitsplatz bereitgestellt wird
- Optimierung der Auslastung von Flurförderzeugen, insbesondere Optimierung von Routenzügen
- Optimierung der Verkehrssituation in einer Fabrik zur Verhinderung von Staus für Flurförderzeuge auf den Wegen
- Prozessoptimierung für Leergutabläufe bzw. in der Entsorgungslogistik
- Vorschlag zur optimalen Integration einer Behälterwaschanlage in die vorhandenen Materialflussprozesse
- Flächenverdichtung von Arbeitsplätzen aufgrund von Flächenengpässen
- Reduzierung der Materialbestände an ausgewählten Arbeitsplätzen
- Auswirkungen von fehlerhaften Fertigungssteuerungen und deren Vermeidung
- Schaffung von transparenten Work-in-Process-Beständen und Vorschlag zur Reduzierung von Flächen für zu früh produzierte unfertige Erzeugnisse
- Flächen- und Anlagennutzung in Form einer Wertschöpfungsanalyse (Value Added Heat Map)
- Optimierung der Prozessabläufe bei Anlagenstörungen durch digitale Instrumente
- Erweiterung einer Montagelinie aufgrund von Mengenerhöhungen◀

Bei allen Themen spielt die digitale Transformation und der Einsatz von digitalen Lösungsansätzen in den letzten Jahren eine gravierende Rolle.

Unternehmen und Hochschule bzw. Universität entscheiden gemeinsam über die durchzuführenden Teilprojekte. Die Bedeutung für das Unternehmen spielt bei der Auswahl eine nicht unerhebliche Rolle. Ein für das Unternehmen wichtiges Thema führt bei der Bearbeitung zwangsläufig zu der für die Studenten notwendigen Unterstützungsbereitschaft der Mitarbeiter im Unternehmen. Die Wichtigkeit der Projekte für das Unternehmen ist ein Grund für eine relativ späte Auswahl. Werden Arbeitspakete zu früh definiert, so kann es passieren, dass sich die Bedeutung für das Unternehmen zum Zeitpunkt der Durchführung geändert hat und das Thema nicht mehr oder weniger relevant ist.

Sind die Arbeitspakete für die Studenten definiert, werden die Aufgabenbeschreibungen erstellt.

Beispiel

Arbeitspaket (Beispiel)

Optimierung des Wareneingangsprozesse unter besonderer Berücksichtigung eines möglichen

RFID-Einsatzes

Geplanter Einsatz an Studenten 5 Studenten

Verantwortlich Unternehmen (Name/Telefonnummer) ......

Beschreibung des Arbeitspaketes:

Die Studenten führen eine Ist-Analyse des Wareneingangsbereiches durch. Hierbei sind die einzelnen Handhabungsschritte zu erfassen und zu quantifizieren. Die Datenbasis (Wareneingangsbuchungen und zugehörige eingelagerte Behälter mit Zeiten und Menge) sind auszuwerten, wobei der Schwerpunkt auf die Durchlaufzeiten gelegt werden soll. MTM-Zeiten, sofern vorhanden, sind zu überprüfen. Der Personal- und Staplereinsatz ist zu quantifizieren. Die Ist-Prozesskosten eines Behälters/einer Palette sind zu ermitteln.

Neben der Optimierung der Wareneingangsprozesse soll insbesondere untersucht werden, welche Möglichkeiten sich für einen Einsatz der RFID-Technik ergeben. Diese sind zu analysieren und betriebswirtschaftlich zu bewerten.

Zusammenfassend ist eine Umsetzungsempfehlung für eine Optimierung der analysierten Prozesse zu geben.

Vorbereitende Tätigkeiten Unternehmen:

Information der betroffenen Mitarbeiter

Gestellung der vorhandenen Prozessunterlagen,

Gestellung der Datenbasis für eine Referenzwoche (Wareneingänge, Behältereinlagerungen jeweils mit Menge und Zeiten)

MTM-Datenbasis Wareneingang (sofern vorhanden)

Kommunikation in deutscher bzw. englischer Sprache oder alternativ über Dolmetscher.◀

Sind die Arbeitspakete definiert, so wird eine Einteilung der Studenten durchgeführt. Hierbei wird die Selbsteinschätzung der Studenten berücksichtigt. Somit kann zumindest bedingt verhindert werden, dass Studenten mit gleichen Kompetenzen in einer Gruppe arbeiten, während in einer anderen Gruppe genau diese Fähigkeiten fehlen. Die Gruppeneinteilung wird folglich von dem Dozenten und seinen Mitarbeitern durchgeführt. Die Begründung gegenüber den Studenten ist zudem offensichtlich, da durch die Vorgabe eine realistische Teamkonstellationen in Unternehmen dargestellt werden. Zudem wird ein vorläufiger Gruppensprecher fixiert. Dieser sollte im Verlauf des ersten Projekttages durch die Gruppe bestätigt werden.

Zwei Wochen vor der Projektwoche findet eine weitere Einweisung der Studenten statt. Es werden in dieser Veranstaltung die voraussichtlich benötigten Analysemethoden wiederholt. Den Studenten werden die Arbeitspakete und die Gruppeneinteilung vorgestellt. Für Ausbildungszwecke macht es durchaus Sinn, die Gruppeneinteilung zu diesem Zeitpunkt noch nicht bekannt zu geben um Vorarbeiten zu vermeiden. Diese würden das Ausbildungsziel – Projektstress erleben – ggf. unterlaufen.

Das Projektstudium beginnt mit einer Begrüßung durch das Unternehmen. Anschließend werden Formalitäten wie z. B. WLAN-Gastzugang und Verschwiegenheitserklärung geklärt sowie weitere organisatorische Hinweise gegeben. Es bietet sich an, bei produzierenden Unternehmen einen Werkrundgang durchzuführen bzw. in Dienstleistungsbranchen den Leistungsumfang für einen Überblick zu erläutern. Im Anschluss daran wird, sofern noch nicht geschehen, die Gruppeneinteilung bekannt gegeben. Es beginnt nun das eigentliche Projektstudium. Gemeinsam mit den Ansprechpartnern werden die Arbeitspakete vorgestellt und die Erwartungshaltung des Unternehmens besprochen. Es schließt sich in den Gruppen die Bearbeitung des Arbeitspaketes, die Zieldefinition und die Meilensteinplanung an. Es bietet sich an dieser Stelle an, die Ergebnisse dieses Ausbildungsschrittes zu überprüfen. So kann sichergestellt werden, dass die Gruppen den richtigen und schnellen Einstieg in die Bearbeitung der Aufgabenstellung schaffen.

Ausbildungstakt Status

Während der gesamten Projektwoche müssen die Studenten in der Lage sein, einen kurzen Status zum Stand der Bearbeitung ihres Aufgabenpaketes zu geben. Dieser sollte knapp gehalten und maximal fünf Minuten Zeit in Anspruch nehmen.

Hintergrund hierfür ist, dass auf die Frage der Vorgesetzten, wie es im Projekt laufen würde, häufig unstrukturierte Antworten gibt. Diese lösen bei Vorgesetzten ein Gefühl der Unsicherheit aus und führen meist zu tiefergehenden Rückfragen. Ein zu hoher Detaillierungsgrad führt dazu, dass wichtige Informationen untergehen. Aus diesem Grund wurde das nachfolgende Schema mit fünf einfach zu beantwortenden Fragen entwickelt (Abb. 4.6):

Aufgrund der Vielzahl an Arbeitspaketen kann es hilfreich sein, zu Beginn des Status kurz die Namen des Projektes zu nennen. Es sollten allerdings nur dann bekannte Informationen gegeben werden, sofern Vorgesetzte thematisch abgeholt werden müssen. Grundsätzlich sollte der Status sich nicht auf die Arbeit der vortragenden Person konzentrieren, sondern die Arbeit des gesamten Teams vorstellen. Dies ist nicht immer ganz einfach, da gruppenintern ein permanenter Austausch erfolgen muss.

Zu Beginn werden die Aktivitäten der Gruppe seit dem letzten Status kurz vorgestellt. Danach werden die aktuellen Tätigkeiten der einzelnen Projektmitglieder genannt. Sollten Probleme aufgetreten sein, so sind diese unbedingt zu nennen. Hier kann die Führungskraft ggf. durch verschiedene Maßnahmen eingreifen. Dies könnte zum Beispiel eine Personalverstärkung oder der persönliche Einsatz sein. Sehr häufig werden „fehlende Daten" als Problemfeld genannt. Im Anschluss werden die nächsten Schritte vorgestellt. Abschließend wird eine Einschätzung gegeben, ob der geplante Zeitplan eingehalten werden kann.

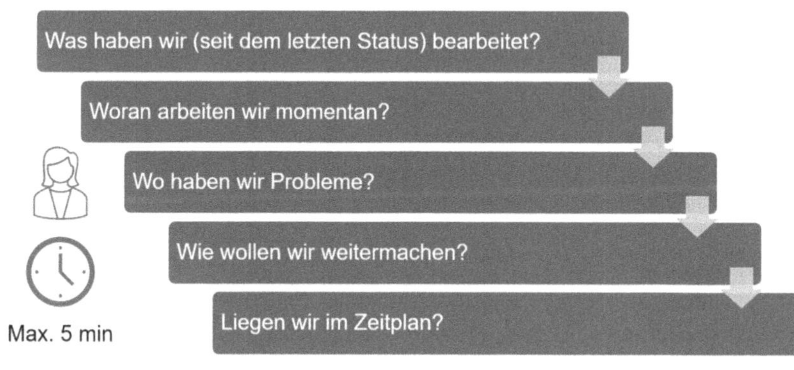

Abb. 4.6 Schema für Statusabfragen

Ist-Analyse

In Projekten zur Wertschöpfungsoptimierung bzw. Digitalisierung spielt die Ist-Analyse eine elementare Rolle. Die Prozesse müssen physisch aufgenommen und visualisiert werden. Wertstrom, Spagetti-Diagramm, BMPN oder die Value Added Heat Map sind einfache Darstellungsmethoden, die innerhalb kürzester Zeit erstellt werden können. Wichtig ist zwangsläufig, dass die Studenten so schnell wie möglich in den Shop Floor gehen und mit den Prozessaufnahmen beginnen. Hier liegt bereits ein entscheidender Vorteil des Projektstudiums. Nicht ein Mitarbeiter des Unternehmens, der auch noch weitere Aufgaben erledigen muss, nimmt den Prozess auf, sondern eine Gruppe. Wenn das Team sich geschickt aufteilt, können innerhalb kürzester Zeit sehr gute Erkenntnisse erfasst werden.

Verläuft i. d. R. am ersten Projekttag die Ist-Analyse noch schleppend, so wird man feststellen, dass die Effizienz der Gruppen sich am zweiten Tag bemerkenswert verbessert. Nachdem die Studenten am ersten Tag noch an sich selbst zweifeln, verfügt der zweite Tag über etliche Erfolge. Es treten Widersprüche auf. Der durch die Führungskräfte vorgestellte Ablauf stellt sich ggf. anders dar. Die Studenten werden angehalten, dies durch Beweise zu untermauern. Die Erfolge der Ist-Analyse führt zu erheblichen Motivationsschüben bei den Studenten. Es tauchen allerdings immer wieder Probleme aufgrund fehlender Daten auf. Es gilt, die fehlenden Daten mit Multimoment-Aufnahmen zu ersetzen. Parallel müssen die Ergebnisse durch die Studenten für die Zwischenpräsentation aufbereitet werden.

Zwischenpräsentation

Vor der Zwischenpräsentation zu Beginn des dritten Projekttages sollten die Entwürfe auf Plausibilität geprüft werden, ehe diese den Mitarbeitern des Unternehmens vorgestellt werden. Die Zwischenpräsentation hat das Ziel, die Ergebnisse der Ist-Analyse auf Korrektheit zu überprüfen. Nur so kann sichergestellt werden, dass ein sinnvolles Sollkonzept erarbeitet wird. Es kommt vor, dass die Mitarbeiter von den Ergebnissen überrascht sind, da diese nicht den Erwartungen entsprechen. Es werden Verschwendungen aufgezeigt, mit Messkriterien belegt und betriebswirtschaftlich bewertet. Manche Ergebnisse, die von den Mitarbeitern angezweifelt werden, müssen nach der Zwischenpräsentation nochmals durch die Studenten überprüft werden.

Soll-Konzept

Am Nachmittag des dritten Projekttages wird das Sollkonzept erarbeitet. Gerade bei Digitalisierungsprojekten ist es von Vorteil, zunächst ein visionäres Konzept zu erarbeiten. Erst danach wird ein Sollkonzept erarbeitet, welches so nah wie möglich an die Vision heranreicht. Dies bietet die Möglichkeit, nicht nur einzelne

Symptome zu bekämpfen, sondern sich mittel- bis langfristig strategisch aufzustellen. Selbstverständlich muss das vorzustellende Sollkonzept alle aufgezeigten Verschwendungspotenziale eliminieren, zumindest minimieren. Bis zum Mittag des vierten Projekttages werden die Ergebnisse für eine Abschlusspräsentation zusammengefasst und eine Dokumentation (Kurzstudie) erstellt.

Abschlusspräsentation

Die Abschlusspräsentation findet am Abend des vierten Projekttages statt. Sie sollte nicht mehr als zwei Stunden umfassen. Die Ergebnisse sollten vor einem ausgewählten Führungskreis des Unternehmens, i. d. R. Geschäftsführung, Werkleitung, Personalleitung, u. a., vorgestellt werden. So kann den Studenten eine entsprechende Wertschätzung entgegengebracht werden. Präsentation und Dokumentation stehen den Teilnehmern zu Beginn der Veranstaltung zur Verfügung. Mit Ausnahme von Verständnisfragen sollten Fragen nur nach den jeweiligen Präsentationen zu den Arbeitspaketen erfolgen. Im Anschluss an die Präsentation ist es sinnvoll, als Abschluss einer intensiven Blockwoche ein gemeinsames Abschlussevent zu organisieren.

Das in diesem Kapitel schwerpunktmäßig vorgestellte Projektstudium ist eine sehr praxisnahe Ausbildung. Sie bietet den Studenten die Möglichkeit, ein Projekt unter realistischen Bedingungen zu bearbeiten. Besonders der Zeitdruck ist ein Merkmal, welches immer wieder im Berufsleben auftritt. Die Erfahrungen aus mehr als 100 Projektwochen zeigen, dass die Unternehmen einen erheblichen Mehrwert aus dieser Art der Ausbildung erzielen können. Es werden innerhalb kürzester Zeit Konzepte erarbeitet, die nochmals verifiziert werden müssen, aber die Grundlage für eine zügige Umsetzung sind.

Literatur

Rauen, Hartmut; Franziska Seimys (2021): Unternehmenskooperationen in der Hochschullehre. Ergebnisse einer Hochschulbefragung in den Ingenieurswissenschaften und der Informatik. VDMA e. V. Frankfurt. Online verfügbar unter https://www.vdma.org/documents/34570/17004499/VDMA_StudieKooperationenLehre_ES_lowres.pdf/d88b2ebc-b993-7aee-a76c-271b8e1e51a0

Bildung VDMA (Hrsg) (2021) Unternehmenskooperationen in der Hochschullehre. Ergebnisse einer Hochschulbefragung in den Ingenieurwissenschaften und der Informatik. VDMA, Frankfurt a. M.

SPRINGER NATURE

GPSR Compliance

The European Union's (EU) General Product Safety Regulation (GPSR) is a set of rules that requires consumer products to be safe and our obligations to ensure this.

If you have any concerns about our products, you can contact us on ProductSafety@springernature.com

In case Publisher is established outside the EU, the EU authorized representative is:

Springer Nature Customer Service Center GmbH
Europaplatz 3
69115 Heidelberg, Germany

FSC
www.fsc.org
MIX
Papier | Fördert gute Waldnutzung
FSC® C083411

Kolibri 360 GmbH
Ferdinand-Jühlke-Straße 7
99095 Erfurt, Deutschland
produktsicherheit@kolibri360.de